ZENSHO

# 全商

# 財務諸表分析

# 検定試験

# テキスト

〈執筆・編修〉一橋大学名誉教授　新田忠誓

実教出版

# 決 算 短 信

「決算短信」は，上場企業が提出する共通形式の決算速報であり，有価証券報告書（11ページ参照）と同じくインターネット上で入手できる。この情報は，実際の財務諸表分析において利用することができる。詳しくはテキストの本文を見て欲しい。なお，自己資本当期純利益率については33ページ(注)②，純資産配当率については37ページ(注)④を参照。

## 2023年3月期　決算短信〔日本基準〕（連結）

2023年5月9日

上場会社名　任天堂株式会社　　　　　　　　　　　　　　　　　　上場取引所　　　　東
コード番号　7974　　　URL　https://www.nintendo.co.jp
代表者　　　　　　（役職名）代表取締役社長　　　　（氏名）古川　俊太郎
問合せ先責任者　（役職名）経営統括本部副本部長　　（氏名）三宅　浩二　　　　（TEL）075-662-9600
定時株主総会開催予定日　2023年6月23日　　　　配当支払開始予定日　2023年6月26日
有価証券報告書提出予定日　2023年6月26日
決算補足説明資料作成の有無　：　有
決算説明会開催の有無　　　　：　有　　（機関投資家・証券アナリスト向け）

（百万円未満切捨て）

### 1．2023年3月期の連結業績（2022年4月1日～2023年3月31日）

#### (1)連結経営成績

（％表示は対前期増減率）

| | 売上高 | | 営業利益 | | 経常利益 | | 親会社株主に帰属する当期純利益 | |
|---|---|---|---|---|---|---|---|---|
| | 百万円 | ％ | 百万円 | ％ | 百万円 | ％ | 百万円 | ％ |
| 2023年3月期 | 1,601,677 | △5.5 | 504,375 | △14.9 | 601,070 | △10.4 | 432,768 | △9.4 |
| 2022年3月期 | 1,695,344 | △3.6 | 592,760 | △7.5 | 670,813 | △1.2 | 477,691 | △0.6 |

(注) 包括利益　2023年3月期　486,661百万円（△8.3％）　2022年3月期　530,498百万円（0.5％）

| | 1株当たり当期純利益 | 潜在株式調整後1株当たり当期純利益 | 自己資本当期純利益率 | 総資産経常利益率 | 売上高営業利益率 |
|---|---|---|---|---|---|
| | 円　銭 | 円　銭 | ％ | ％ | ％ |
| 2023年3月期 | 371.41 | — | 20.0 | 21.8 | 31.5 |
| 2022年3月期 | 404.67 | — | 24.2 | 26.3 | 35.0 |

（参考）持分法投資損益　2023年3月期　26,599百万円　2022年3月期　26,672百万円
※当社は、2022年10月1日を効力発生日として、普通株式1株を10株に分割しました。1株当たり当期純利益については、前連結会計年度の期首に当該株式分割が行われたと仮定して算定しています。

#### (2)連結財政状態

| | 総資産 | 純資産 | 自己資本比率 | 1株当たり純資産 |
|---|---|---|---|---|
| | 百万円 | 百万円 | ％ | 円　銭 |
| 2023年3月期 | 2,854,284 | 2,266,466 | 79.4 | 1,946.55 |
| 2022年3月期 | 2,662,384 | 2,069,310 | 77.7 | 1,763.56 |

（参考）自己資本　2023年3月期　2,266,234百万円　2022年3月期　2,069,043百万円
※当社は、2022年10月1日を効力発生日として、普通株式1株を10株に分割しました。1株当たり純資産については、前連結会計年度の期首に当該株式分割が行われたと仮定して算定しています。

#### (3)連結キャッシュ・フローの状況

| | 営業活動によるキャッシュ・フロー | 投資活動によるキャッシュ・フロー | 財務活動によるキャッシュ・フロー | 現金及び現金同等物期末残高 |
|---|---|---|---|---|
| | 百万円 | 百万円 | 百万円 | 百万円 |
| 2023年3月期 | 322,843 | 111,507 | △290,973 | 1,194,569 |
| 2022年3月期 | 289,661 | 93,699 | △337,010 | 1,022,718 |

### 2．配当の状況

| | 年間配当金 | | | | | 配当金総額（合計） | 配当性向（連結） | 純資産配当率（連結） |
|---|---|---|---|---|---|---|---|---|
| | 第1四半期末 | 第2四半期末 | 第3四半期末 | 期末 | 合計 | | | |
| | 円　銭 | 円　銭 | 円　銭 | 円　銭 | 円　銭 | 百万円 | ％ | ％ |
| 2022年3月期 | — | 620.00 | — | 1,410.00 | 2,030.00 | 238,163 | 50.2 | 12.2 |
| 2023年3月期 | — | 630.00 | — | 123.00 | — | 216,546 | 50.1 | 10.0 |
| 2024年3月期（予想） | — | | — | 147.00 | | | 50.3 | |

※当社は、2022年10月1日を効力発生日として、普通株式1株を10株に分割しました。2023年3月期の1株当たり配当については、第2四半期末は分割前、期末は分割後の金額を記載しています。
※配当は、各期の利益水準を勘案し、中間と期末の年2回行うことを基本方針としています。なお、2024年3月期の連結業績予想を通期のみで作成しており、中間と期末の配当を分けて予想することができないため、年間配当金の合計のみを記載していますが、【添付資料】P.4「1．経営成績等の概況（3）利益配分に関する基本方針及び当期・次期の配当」に記載の方針に従い決定します。また、2024年3月期の期末配当については、年間配当金から中間配当金を差し引いた金額となります。

# はしがき

　本書は，公益法人・全国商業高等学校協会が主催する<u>財務諸表分析検定試験のテキスト</u>として書かれたものである。

　商業教育は時代を取り入れ実践的であり，経済発展に寄与する人材・'商業人'を養成するものであると考えている。この「検定試験」創設および本書の公刊は，過去に元・文部科学省教科調査官が『じっきょう』（商業教育資料No.91）で，商業高校教科書の問題点として①「実際の経済社会などの動きと時間的なギャップが生じることは避けられない」こと，②「具体的な企業名などが示されない」ことを示したが，これらを実践的商業教育の問題点と捉え，この改善を目途としたものである。

　具体的に，②については，実際の有価証券報告書の財務諸表を取り上げ，これに基づき財務諸表分析を説明している。無論，企業名も挙げている。有価証券報告書情報は市場共有のものであり，資料としても実際の企業を扱うことこそ，実践的商業教育学習になると考えたからである。①について言うと，会計思考は，収益費用アプローチから国際会計基準で求められる資産負債アプローチに転換した。これに伴い，貸借対照表は「資産－負債＝純資産」という形で純資産を計算する表と解釈されるようになった。よって，本書は，収益性の分析では，企業の経済的資源つまり資産を見て「総 '資産' 当期純利益率」を思考の起点に置き，ここから分析を展開し解説を行っている。これに対し，教科書の財務諸表分析の叙述を見ると，総 '資本' 利益率概念が用いられている。これによる収益性の分析指標の解説の違いは，本書と教科書とを比較して欲しいが，<u>本試験の出題の仕方を見据え</u>更に付言すると，教科書では，例えば「売上高経常利益率」という指標が取り上げられている。本書は，これに相応する概念として「経常収益経常利益率」を挙げている。これは経常利益を産み出しているのは理論的に売上高のみならず営業外収益を含む経常収益（正確には，この収益（額）に対応する資産（額））であると考えるからである。確かに営業外費用の中には売上高を支えるものもあるが，損益計算書を見ても経常収益が経常利益を産み出している。このように<u>教科書とは異なる概念を使用している</u>ので，受検生の皆さんには学習にあたり注意して欲しい。

　加えて，現代の企業はいわゆる伊藤レポートによりROE 8% の目標が与えられた。これは企業が第一に株主利益を確保することに繋がる。そして，労働者として企業利益に関わるだけでは生産手段を持たない人間は十分な所得を得られない可能性があることも暗示する。つまり，投資教育の必要性である。本書はこれも目標としている。

　今回もまた本書の学習者が最新の情報に接するように，令和6年2月までの会計諸基準・規則の改訂を取り入れている。

　なお，<u>側注は原則，指導の先生を意識して設けた</u>ことも敢えて付記しておきたい。

　本書ならびに検定試験により，実践に明るい商業人となられんことを祈っている。

　　令和6年2月　発行によせて

新田　忠誓

（注）　第0回から第11回までの問題（会計制度の改訂部分は改訂して使用すること）は全商のwebサイト，追加の練習問題は実教出版のwebサイトよりダウンロードして，利用できるようになっている。

# 目　　次

# 「財務諸表分析検定試験」受験ガイド

## 1．試験について

① 受　験　資　格：特にありません（商業高校生のみならず，誰でも受験できます）。

② 試　　験　　日：12月の第2日曜日

③ 持　　ち　　物：鉛筆，消しゴム，定規，計算用具(電卓・そろばん)

④ 試　験　レ　ベ　ル：「はしがき」で書いたように，簿記の知識の全くない人でも大丈夫です。
　　　　　　　　　　　いわゆる全商・日商・全経の簿記検定レベルとは無関係です。

⑤ 出　題　形　式：記述式（計算（専用）機使用－スマホや携帯電話は不可－），試験範囲は
　　　　　　　　　「試験範囲表」をみてください。

⑥ 試　験　時　間：90分

⑦ 試　験　会　場：商業高校など（大学や専門学校など，一定の機関の場合には，一定数の受
　　　　　　　　　験者があれば，試験会場校になれます。詳しくは，下の2.①の問い合わ
　　　　　　　　　せ先に相談してください(注)。)

　　　　　　（注）　例えば，大学の場合には，「財務諸表分析」「経営分析」の授業やゼミ学習の
　　　　　　　　　一環として取り入れることが可能です。

⑧ 合　　格　　点：70点以上

⑨ 合否の通知方法：試験後1ヶ月以内に試験会場校を通じて通知します。

## 2．申し込みについて

① 申し込み方法：高校生の方は，担当の先生にお申し込みください。
　　　　　　　　　一般の方は，下記にお問い合わせください。

　問い合わせ先：03-3357-7911（全国商業高等学校協会　代表）
　　　　　　　　　なお，大学では，ゼミ単位など少人数でも受け付けます。

② 受　　験　　料：1,800円

## 財務諸表分析検定試験規則

第 1 条　公益財団法人全国商業高等学校協会は，財務諸表分析に関する能力を検定する。

第 2 条　検定は筆記試験によって行う。

第 3 条　検定試験は全国一斉に同一問題で実施する。

第 4 条　検定試験は年1回実施する。

第 5 条　検定試験の出題範囲は別に定める。

第 6 条　検定試験は100点満点とし，検定に合格するためには，70点以上の成績を得なければならない。

第 7 条　検定に合格した者には，合格証書を授与する。

第 8 条　前条による合格証書は，次の様式とする。

### 様　　式

```
┌─────────────────────────┐
│  第　　号               │
│      合　格　証　書     │
│                         │
│              氏　　名   │
│         年　月　日生    │
│                         │
│  本協会主催文部科学省後援第　　回 │
│  財務諸表分析検定試験に合格したこ │
│  とを証します。         │
│                         │
│              年　月　日 │
│                         │
│  公益財団法人全国商業高等学校協会 │
│      理事長　氏　　名 ㊞ │
└─────────────────────────┘
```

第 9 条　検定試験受験志願者は所定の受験票に受験料を添えて本協会に提出しなければならない。

第 10 条　試験委員は高等学校その他の関係職員がこれに当たる。


## 財務諸表分析検定試験施行細則

第 1 条　受験票は本協会で交付する。受験票は試験当日持参しなければならない。

第 2 条　試験規則第4条による試験日は，毎年12月の第2日曜日とする。

第 3 条　試験時間は90分とする。

第 4 条　受験料は1,800円とする。（消費税を含む）

第 5 条　試験会場では試験委員の指示に従わなければならない。

第 6 条　合格発表は試験施行後1か月以内に行う。その日時は試験当日までに発表する。

## 「財務諸表分析検定試験」試験範囲表 （平成 27 年 3 月現在）

| 大分類 | 中分類 | 小分類（分析手法） |
|---|---|---|
| Ⅰ．財務諸表分析の目的 | 1.投資家および企業経営者の立場からの分析 | |
| Ⅱ．財務諸表分析の手法 | 1.実数分析と比率分析<br>2.時点分析と趨勢分析<br>3.自己分析と企業間比較分析 | |
| Ⅲ．収益性の分析<br>（比率分析） | 1.貸借対照表と損益計算書を利用する方法<br><br>①株主の立場：投下資本利益率<br>（貸借対照表貸方資本の利益率）<br>②企業の立場<br>　1）資産利益率<br>　（貸借対照表借方資産の効率性）<br><br>　2）回転率（資産の回転期間）<br><br><br>2.損益計算書を利用する方法<br>①株主の立場<br><br><br>②企業の立場（能率性） | 総資産当期純利益率（ROA）<br>（基本形）<br>株主資本当期純利益率（ROE）<br><br><br>総資産経常利益率<br>使用資産経常利益率<br>営業資産営業利益率<br>総資産回転率（総収益対総資産）<br>営業資産回転率（売上高対営業資産）<br>固定資産回転率（総収益対固定資産）<br><br><br>配当性向<br>1株当たり当期純利益（EPS）<br><br>総収益当期純利益率<br>売上高売上総利益率<br>売上高売上原価率<br>売上高営業利益率<br>売上高販売費及び一般管理費率<br>経常収益経常利益率 |
| Ⅳ．安全性の分析<br>（比率分析） | 1.貸借対照表を利用する方法<br>①短期の安全性：流動性<br><br><br><br>②長期の安全性<br><br><br><br>2.貸借対照表と損益計算書を利用する方法<br>－短期の安全性－<br><br><br>3.損益計算書を利用する方法<br><br><br>4.キャッシュ・フロー計算書を利用する方法<br><br>5.損益計算書とキャッシュ・フロー計算書を利用する方法<br><br><br>6.貸借対照表とキャッシュ・フロー計算書を利用する方法 | 流動比率（銀行家比率）<br>当座比率（酸性試験比率）<br>売上債権対仕入債務比率<br><br>総資産負債比率<br>純資産負債比率<br>純資産固定負債比率<br>固定長期適合率<br><br>売上債権回転率（売上高対売上債権）<br>棚卸資産回転率（売上高対棚卸資産）<br>仕入債務回転率（売上原価対仕入債務）<br><br>総収益支払利息比率<br>売上高支払利息比率<br><br>フリー・キャッシュ・フロー<br><br>売上高営業キャッシュ・フロー比率<br>当期純利益キャッシュ・フロー比率<br><br>流動負債営業キャッシュ・フロー比率 |
| Ⅴ．企業価値の分析 | | 1株当たり純資産（BPS）<br>株価純資産倍率（PBR）<br>株価収益率（PER）<br>配当利回り |
| Ⅵ．分析に基づく短評 | ・企業経営上，当社の経営（財務状況）の問題点は何か，どこを改善すべきか。<br>・外部投資家として，当該会社の株式を購入すべきか，保有し続けるべきか。<br>・財務諸表を与信用に銀行へ提出する際の問題点は何か。<br>・銀行員として，当該会社に融資してよいか。 | |

# 財務諸表分析の学習の仕方

　財務諸表分析は，財務諸表（決算書）を手許におき，企業評価のための各種指標を計算することから始まります。よく言われる「簿記検定３級以上でないとできない。」とか「簿記や会計学の技能がないと財務諸表分析はできない。」ということはありません。「各指標の計算法」を習得することから始めましょう。そのためには，「第４章　収益性の分析」「第５章　安全性の分析」「第６章　企業価値の分析」に示した各指標（「試験範囲表」（7ページ）にまとめてあります）を覚えるとともに，【課題】として示された資料（財務情報）（29〜31ページ）により各指標を実際に計算し，説明を理解すれば十分です。このときの学習のポイントを列記してみます。

学習のポイント　1−1

　企業の目的は，利益を獲得することです。したがって，財務諸表分析にとって第一に重要なのは企業の投資運用の良さを示す**収益性**をみることです。

　収益性をみる基本は，企業が資源つまり資産をどれだけ有効に使用したかです。**総資産当期純利益率（ROA）**がこれを示します。これを出発点に，分子の利益と分母の資産を企業活動の実態や分析目的に合わせて分解していきます。企業活動に見合った利益の分析は損益計算書，資産の分析は貸借対照表で行います。本書の段階では，営業利益，経常利益，当期純利益といった損益計算書上の段階利益をみて，これに対応する資産を考えていきます。以上は，企業そのものをみる場合です。一方，企業に投資している株主ないし投資家の立場から，貸借対照表貸方に計上された投資資本の効率をみることもあります。**株主資本当期純利益率（ROE）**がこれですが，本書の段階の分析では，これについて総資産当期純利益率のように詳しい分析に進むことはしません。

学習のポイント　1−2

　収益性の分析は，次の式により，**利益率**と**回転率**に分解され，さらに分析が進められます。

$$\frac{利\quad益}{資\quad産}（資産利益率）=\frac{利\quad益}{収\quad益}（利益率）\times\frac{収\quad益}{資\quad産}（回転率）$$

　本書は，損益計算書と貸借対照表をともに使用する回転率から取り上げています。

学習のポイント　2−1

　次に重要なのは，企業が安全かどうかです。**安全性**については，短期的に大丈夫か，つまり‘資金繰り’に困らないか，と，構造的いわば長期的に安全か，すなわち将来いつかは返済しなければならない不安定要因である負債がどれだけあるか，つまり‘借金依存度’（資産と負債の関係）が問題となります。ここでは，負債の姿と負債の返済に応じる資産との関係が問題となり，これらを示す貸借対照表が分析の中心になります。

学習のポイント　2−2

　短期的な安全性（流動性）をみる基本は，‘短期に支払（返済）請求’のある流動負債とその請求に対応できる流動資産との関係を示す**流動比率**です。流動比率は，企業が資金繰りに困った

ときに，お金を借りる銀行が重要視しますので，**銀行家比率**ともいわれます。これを基本に，流動資産負債の中味の詳しい分解に進みます。

学習のポイント　2-3

　長期的な安全性（安定度）をみる基本は，企業の資源つまり資産と最終的に企業から出ていくことになる負債との関係を示す**総資産負債比率**（負債比率）です。この負債比率についても，負債によって請求の仕方が異なりますし，一方，資産もそれへの対応が違いますので，さらに，その中味について分析・分解していくことになります。

学習のポイント　2-4

　安全性については，貸借対照表以外にも，'お金の流れ'つまり<u>キャッシュの分析</u>のため，キャッシュ・フロー計算書情報，また，負債の存在により発生する支払利息などの影響をみるため，損益計算書情報も使われます。情報は，これらの計算書にそのまま表示されています。

学習のポイント　3

　証券市場では，企業の評価が求められます。ここでは，**株価純資産倍率（PBR）**や**株価収益率（PER）**，**配当利回り**の計算において財務会計情報に加え，株価に関わる情報も使用されます。

学習のポイント　4

　以上の各指標の計算ができたら，次は，これをどう評価するかです。このためには，他企業とくに同業他社と比較して，優劣を判断する**比較分析**と，その企業の成長の様子のように，時間を追って，歴史的にみる**趨勢分析**とがあります。第4部第7章が「比較分析－企業間比較」，第8章が「趨勢分析－期間比較」の具体例を扱っています。

学習のポイント　5

　簿記でよく覚えさせられる「借方・資産，貸方・負債，収益は貸方，費用は借方」といったような知識の必要はありませんが，財務諸表の大まかな見方は必要です。「第2章　財務諸表の例示と読み方」に，まとめておきましたので，読んでください。

　財務諸表分析と経営分析とは違います。財務諸表分析は，いわばお医者さんが患者の顔色を見たり打診などにより病気の原因を外から診察するようなものです。病巣そのものを特定するためには，会計数値の意味つまり会計数値の成り立ち・仕組みを理解できる財務会計の知識も必要になります。本書により学んだ人が財務会計に興味を持ち，さらに学習を進めていかれることは望ましいことです。さらに，病巣を直すのは経営分析の領域になります。直す（いわば外科手術などを行う）ためには管理会計および経営学全般の知識も必要となります。

# 第1部 財務諸表分析の理論

財務諸表分析は，財務諸表を使用して，企業を分析・評価する方法である。第1部では，まず，出発点となる財務諸表の種類や入手方法（第1章）から始め，財務諸表の例示（第2章）をへて，分析の方法（第3章）を説明する。分析では，実際の財務諸表を用い，とくに企業の管理，さらに株主のために，具体的に計算するので，次の第2部で，これを扱う（第4章，第5章）。加えて，投資家も企業を分析するので，株価情報を加えて，これも扱う（第6章）。

財務諸表の分析には，とくに簿記の知識を必要とするわけではない。そこで，財務諸表を例示するとともに，その見方・読み方（第2章）も解説している。ここでは，第4章・第5章・第6章で行う【課題】（自分で実際に体験してもらう）のための三井化学㈱の財務諸表も掲げている。

（注）「出題範囲表」中分類からも類推できるように，本書は財務諸表を手許に置くことを前提にしているので，使用する財務諸表を前面に出した構成になっている。

## 第1章 財務諸表の種類と入手方法

企業活動の結果はいわゆる財務諸表でとらえる。その種類と入手方法は，**会社法**と**金融商品取引法**によって異なる。今日，われわれが財務諸表分析で利用できる大会社の財務諸表は**連結財務諸表**①が主となっている。そこで本書も，連結財務諸表を分析の対象とする。

会社法では，財務諸表を**計算書類**②③という。それは，

---

① 連結貸借対照表

② 連結損益計算書

③ 連結株主資本等変動計算書

④ 連結注記表

---

で構成される。これらを入手するためには，会社の株主にならなければならない。しかし，株式会社は，定時株主総会終結後，貸借対照表を公告しなければならない（会社法第440条）。そこで，官報や日刊新聞な

①資本金が5億円以上又は負債の金額が200億円以上の会社をいう（会社法第2条）。

②「会社法」は，会社及び会社集団にお金を提供している株主ないし銀行などの債権者（現在株主及び債権者（与信者））と当該会社及び会社集団との関係を規制する法律である。

③会社法による個別会社の財務諸表は「計算書類」と呼ばれ（第435条），貸借対照表，損益計算書，株主資本等変動計算書，個別注記表からなり，連結計算書類と構成は同じである。

ど（裏表紙の「決算短信」も見よ。）から，この概略を手に入れること
ができ（会社法第939条），最近では，会社のホームページで開示する
会社が増えている。

金融商品取引法[①]では，財務諸表は**有価証券報告書**[②]のなかに掲載されて
いる。それは，

> ① 連結貸借対照表
> ② 連結損益計算書
> ③ 連結包括利益計算書[(注)]
> ④ 連結株主資本等変動計算書
> ⑤ 連結キャッシュ・フロー計算書
> ⑥ 連結附属明細表
>
> （注） 連結包括利益計算書は，連結損益計算書と結合させ，「連結損益及び
> 包括利益計算書」として開示することもできる。
> 　本分析では，「出題範囲表」にあるように，連結損益計算書の「当期
> 純利益」までを扱っている。なお，個別財務諸表では，包括利益計算書
> は導入されていない。

で構成される。キャッシュ・フロー計算書が追加されている点に会社法
との大きな違いがある。連結附属明細表は①〜⑤の重要な項目について
表形式により変動を開示したものである。

財務諸表を入手することができるのが，有価証券報告書であり，本書[③]
もこれを利用している。

「有価証券報告書」は，金融庁のEDINETからえられるが，各会社
のホームページにも載っている（EDINETへのリンクも含む）ので，
この入手が推奨できる。

① 「金融商品取引法」は，証券市場に上場し売買されている株式や社債などの証券（金融商品）の品質を保証し，投資家（証券市場で株式や，社債などの債券を売買している人（現在投資家）及び将来売買しようとしている人（潜在投資家））を保護するための法律である。

② 有価証券報告書により，決算後3ヶ月以内に，親会社の立場から企業集団の状況を投資家に報告することが求められている（第24条）。有価証券報告書に掲載される個別会社の会計計算書は「財務諸表」と呼ばれ（財務諸表等規則第1条），企業集団の会計計算書は「連結財務諸表」と呼ばれる（連結財務諸表規則第1条）。

③ 有価証券報告書には，会計情報以外にも，会社の営業方針や組織をはじめ様々な情報（例えば，就職に際して参考になる給料の水準や従業員福利厚生制度など）が掲載されているので，会社を知るうえで，最も有用な情報書類である。

本章では，財務諸表の読み方を説明する。ここでは，商業を知るための<資料>として，生徒がよく見る株式会社ヤマダデンキを子会社とする株式会社ヤマダホールディングスのデータを取り上げている。なお，以下の説明のため一部修正し，20X4 年度（決算日 20X5 年 3 月 31 日）としている。

## 1 貸借対照表（連結貸借対照表）

貸借対照表を例示すると，次の<資料>のようになる。

<資料>

### 連結貸借対照表
20X5 年 3 月 31 日　　　（単位：百万円）

| 資産の部 | |
|---|---:|
| 流動資産 | |
| 　現金及び預金 | 47,236 |
| 　受取手形① | 4,832 |
| 　売掛金 | 68,821 |
| 　完成工事未収入金 | 3,134 |
| 　営業貸付金 | 14,448 |
| 　商品及び製品 | 338,382 |
| 　販売用不動産 | 48,760 |
| 　未成工事支出金 | 7,600 |
| 　仕掛品 | 1,418 |
| 　原材料及び貯蔵品 | 6,361 |
| 　その他 | 74,667 |
| 　貸倒引当金 | △1,889 |
| 　流動資産合計 | 613,773 |
| 固定資産 | |
| 　有形固定資産 | |
| 　　建物及び構築物（純額） | 201,943 |
| 　　土地 | 204,726 |
| 　　リース資産（純額） | 14,332 |
| 　　建設仮勘定 | 6,023 |
| 　　その他（純額） | 12,542 |
| 　　有形固定資産合計 | 439,569 |
| 　無形固定資産 | 42,095 |
| 　投資その他の資産 | |
| 　　投資有価証券 | 14,362 |
| 　　長期貸付金 | 2,578 |
| 　　退職給付に係る資産 | 1,553 |
| 　　繰延税金資産② | 57,587 |
| 　　差入保証金 | 76,611 |
| 　　その他 | 25,945 |
| 　　貸倒引当金 | △2,895 |
| 　　投資その他の資産合計 | 175,742 |
| 　固定資産合計 | 657,407 |
| 資産合計 | 1,271,181 |

（注）　この貸借対照表は本書では，次のページにおよんでいるが，本来は結び付いたものである。

---

point
・貸借対照表は，資産，負債，純資産の三部で構成される。
・資産と負債の流動・固定の区分は，**営業循環基準**と**1 年基準**による。
　なお，資産の部の固定資産の次に，繰延資産が計上されるが，実際上これが計上されている貸借対照表は少ない。

①近年，大企業においては，売掛金の決済において，銀行を通じ，電子債権記録機関に，売掛金を登録し，この機関を通じて決済をすることが多くなった。これを「電子記録債権」といい，「受取手形」「売掛金」の次に計上される。

②以前は，繰延税金資産を流動資産に表示していたが，2018 年 4 月 1 日以後開始する連結会計年度から，繰延税金資産を「投資その他の資産」の区分に表示しなければならなくなった（「企業会計基準第 28 号」）。同じように，繰延税金負債も「固定負債」の区分にまとめて表示される。

| | |
|---|---:|
| 負債の部 | |
| 流動負債 | |
| 支払手形及び買掛金 ① | 90,632 |
| 工事未払金 | 14,156 |
| 短期借入金 | 122,725 |
| 1年内返済予定の長期借入金 | 55,201 |
| リース債務 | 6,282 |
| 未払法人税等 | 1,552 |
| 契約負債 ② | 50,343 |
| 未成工事受入金 | 20,194 |
| 賞与引当金 | 12,777 |
| その他の引当金 | 4,278 |
| その他 | 60,787 |
| 流動負債合計 | 438,932 |
| 固定負債 | |
| 長期借入金 | 124,739 |
| リース債務 | 10,592 |
| 役員退職慰労引当金 | 316 |
| 商品保証引当金 | 1,407 |
| その他の引当金 | 145 |
| 退職給付に係る負債 | 34,311 |
| 資産除去債務 | 36,748 |
| その他 | 12,211 |
| 固定負債合計 | 220,472 |
| 負債合計 | 659,405 |
| 純資産の部 | |
| 株主資本 | |
| 資本金 | 71,124 |
| 資本剰余金 | 74,653 |
| 利益剰余金 | 581,540 |
| 自己株式 | △121,784 |
| 株主資本合計 | 605,535 |
| その他の包括利益累計額 | |
| その他有価証券評価差額金 | △1,139 |
| 為替換算調整勘定 | 1,943 |
| 退職給付に係る調整累計額 | △1,719 |
| その他の包括利益累計額合計 | △914 |
| 新株予約権 | 1,963 |
| 非支配株主持分 | 5,191 |
| 純資産合計 | 611,775 |
| 負債純資産合計 | 1,271,181 |

(注) 実際の財務諸表は端数処理を行っているため，各科目の数
値とその合計額は必ずしも一致しない。

①前ページ①で説明したように，電子債権機関に登録され，この機関を通じて決済されるようになった買掛金を電子記録債務という。これも「支払手形及び買掛金」の次に計上される。

②企業会計基準第29号「収益認識に関する会計基準」では，収益認識を「顧客との契約」の観点から整理している。「契約負債」は，この基準を適用した場合に計上される可能性のあるものであり，「財又はサービスを顧客に移転する企業の義務に対して，企業が顧客から対価を受け取ったもの又は対価を受け取る期限が到来しているもの」と定義されている。（「企業会計基準」第29号第11項）

　貸借対照表は，**資産の部，負債の部，純資産の部**の三部で構成されている。表示のうえでは，資産と負債・純資産が対照され，資産の合計（借方合計）と負債純資産の合計（貸方合計）が等しくなっている。このため，この報告書は貸方と借方つまり貸借の対照表，貸借対照表といわれる。

　しかし，会計学上の見方は異なる。会計学では，『　資産－負債＝純資産　』という形で，純資産を計算しているとみる。これを**資産負債アプローチ**という。資産は「過去の取引または事象の結果として，報告主体が支配している経済的資源」，負債は「過去の取引または事象の結果として，報告主体が支配している経済的資源を放棄もしくは引き渡す義務，またはその同等物」，純資産は「資産と負債の差額」と定義される③（『討議資料　財務会計の概念フレームワーク』2006年企業会計基準委員会）。資産負債は通常，簿記から誘導されたものであり，正確な数値の成り立ちは簿記会計の知識がないと分からない。しかしながら，財務諸表分析

③純資産は，負債を引いた残余持分ないし株主持分とも言われ，また，会計から導びかれるので，会計上の企業価値とも言われる。→第6章

では，情報を外から見る。つまり，ここでは，<u>簿記会計の知識はとくに必要としない</u>。

「資産の部」には，企業が使用している経済的資源（資金）の総額（総資産）が計上され，**流動資産，固定資産，繰延資産**の3部に区分される。このうち，繰延資産（本例にはない）は例外的に認められる資産であり，会社創立（会社の法的設立）のための「創立費」，開業準備のための「開業費」，創立後の株式の交付に係る「株式交付費[①]」，社債発行の費用である「社債発行費等[②]」，「開発費[③]」からなるが，これらが計上される（実際の財務諸表でみる）ことはまれである。

「負債の部」には，資産に対するマイナスの要素（将来の資産の流出要素）が計上され，負債はさらに，**流動負債，固定負債**の2部に区分される。

資産と負債を流動と固定に分ける基準には，**営業循環基準（正常営業循環基準）**と**1年基準（ワンイヤールール）**がある。

「営業循環基準」は，製造業では，「本業（製造）にかかわっている資産負債のうち，原材料の仕入れから製造過程をへて販売活動の終了に至る循環（買掛金・支払手形：現金・預金→原材料→仕掛品→製品→売掛金・受取手形→現金・預金←買掛金・支払手形）のなかにある資産・負債を流動とし，建物や備品，従業員への退職給付に係る負債（なお，個別財務諸表では退職給付引当金とされる。）などこの循環にない資産・負債を固定とする基準」である。[④]

「1年基準」は，本業とは関係ない貸付金や借入金などの資産・負債について，「貸借対照表日の翌日から起算して1年以内に現金あるいは預金となる資産及び現金預金の支払いとなる負債は流動とし，これ以外の資産・負債は固定とする」基準である。

流動負債は短期に支払いを要求する。したがって，流動資産と対比することにより，企業の短期の支払能力をみることができる。流動資産・流動負債はさらに，「負債は支払請求の早い順序により，資産はそれへの対応可能な順序」により配列される。これにより，支払能力の状況をみることができる。これを**流動性配列法**とよぶ。[⑤]

固定資産はさらに，**有形固定資産，無形固定資産，投資その他の資産[⑥]**に細分される。このなかの表示の仕方や配列法は慣行によっている。これは固定負債も同じである。

「純資産の部」が貸借対照表の最後にくる。純資産の内部は複雑であ[⑦]

①新株の発行と自己株式の処分に係る費用をいう。なお，会社設立における株式の発行費用は創立費となる。
②社債と新株予約権発行のための費用。「等」が新株予約権発行の費用を指す。
③新技術や新経営組織の採用及び資源の開発など大規模で，会社の将来の収益獲得能力に貢献する支出であり，当期の費用とすると莫大な損失を計上することになるので，将来の期にも負担させるために繰り延べている支出。
④商業では，仕入れから販売の完結までの循環（買掛金・支払手形→商品→売掛金・受取手形→現金・預金←買掛金・支払手形）のなかにある資産・負債を流動とする。
⑤実務では，固定資産及び固定負債から（株主資本からの場合もある）配列する方法も採られる。これを固定性配列法という。
⑥投資その他の資産は本業と関係のない資産であり，この活動の損益は営業外収益費用または特別利益損失となる。すなわち，営業収益費用とはならない。
⑦個別財務諸表では会社法及び会社計算規則による。

る。連結財務諸表では，**株主資本，その他の包括利益累計額，新株引受権，新株予約権，非支配株主持分**からなる[①]。「株主資本」は，純資産のうち親会社の株主に帰着するものである。「その他の包括利益累計額」は，投資その他の資産の部のなかの投資有価証券の時価評価による「評価差額」や海外の企業を連結した連結財務諸表の作成に伴い発生する（外貨単位を円貨単位に換算する時に出る）調整項目である「為替換算調整勘定」や同じく（退職給付債務の計算において発生する）調整項目である「退職給付に係る調整累計額」などからなる。「新株引受権」は，会社が発行する新株を優先して引き受ける権利のことである。「新株予約権」は，会社の新株の発行義務（所有者にとっては株式の交付を受けることのできる権利）で，その権利が行使されていないものである。「非支配株主持分」は，純資産のうち子会社や孫会社の株主に帰着するものである。これらの決定過程は複雑であり，本書の段階での財務諸表分析では，重要でない限り立ち入らない。必要な場合には，その都度，指示する。

①連結財務諸表規則第71条。

⇨ 貸借対照表の作成問題（表示法の問題）は93ページへ

---

### 注　意

　連結貸借対照表をEDINETもしくは各会社のホームページから入手する場合，その財務表が日本基準以外の，「海外の基準」で作成されている場合がある。下の例は，IFRS（国際財務報告基準）で作成されている株式会社ディー・エヌ・エーの連結財政状態計算書である。12〜13ページで示した様式（日本の様式）と異なるので，注意しよう。

### 連結財政状態計算書
20X5年3月31日　　　　　　　　　　　　　　　（単位：百万円）

| 資産 | | 負債及び資本 | |
|---|---|---|---|
| 流動資産 | | 負債 | |
| 　現金及び現金同等物 | 101,386 | 　流動負債 | |
| 　売掛金及びその他の短期債権 | 24,447 | 　　買掛金及びその他の短期債務 | 19,328 |
| 　その他の短期金融資産 | 2,853 | 　　未払法人所得税 | 878 |
| 　その他の流動資産 | 5,056 | 　　その他の短期金融負債 | 692 |
| 　流動資産合計 | 133,741 | 　　その他の流動負債 | 10,990 |
| 非流動資産 | | 　　流動負債合計 | 31,887 |
| 　有形固定資産 | 10,991 | 　非流動負債 | |
| 　のれん | 46,048 | 　　非流動の引当金 | 1,024 |
| 　無形資産 | 15,357 | 　　その他の長期金融負債 | 668 |
| 　持分法で会計処理している投資 | 18,672 | 　　繰延税金負債 | 5,536 |
| 　その他の長期金融資産 | 70,641 | 　　その他の非流動負債 | 480 |
| 　繰延税金資産 | 690 | 　　非流動負債合計 | 7,707 |
| 　その他の非流動資産 | 320 | 　負債合計 | 39,595 |
| 　非流動資産合計 | 162,719 | 資本 | |
| 資産合計 | 296,460 | 　資本金 | 10,397 |
| | | 　資本剰余金 | 10,971 |
| | | 　利益剰余金 | 217,973 |
| | | 　自己株式 | △11,498 |
| | | 　その他の資本の構成要素 | 23,894 |
| | | 　　親会社の所有者に帰属する資本合計 | 251,737 |
| | | 　非支配持分 | 5,129 |
| | | 　資本合計 | 256,865 |
| | | 　負債及び資本合計 | 296,460 |

[注]IFRSでは，貸借対照表を「財政状態計算書」という。
　特徴として，貸方が負債と資本とされていること，資産負債の分類が流動と非流動とされていることがあげられる。
　また，株主資本合計も表示されない。これは，株主資本と当期純利益の連携関係（クリーンサープラス関係）が重視されていないことを示していると言われる。

## 2 損益計算書（連結損益計算書及び連結包括利益計算書）

損益計算書を例示すると，次の**＜資料＞**のようになる。なお，連結財務諸表としては，連結損益計算書とともに連結包括利益計算書も作成される。

point
・企業の直接の儲けは，**売上総利益**でみる。
・営業活動のよしあしは**営業利益**でみる。
・企業活動全体の業績は，**経常利益**でみる。
・企業の最終結果は**当期純利益**でみる（※次ページ囲み参照）。

＜資料＞

### 連結損益計算書

自 20X4 年 4 月 1 日 至 20X5 年 3 月 31 日　（単位：百万円）

| | |
|---|---:|
| 売上高 | 1,600,586 |
| 売上原価 | 1,151,815 |
| 売上総利益 | 448,771 |
| 販売費及び一般管理費 | 404,705 |
| 営業利益 | 44,066 |
| 営業外収益 | |
| 　受取利息 | 730 |
| 　仕入割引 | 2,307 |
| 　売電収入 | 1,908 |
| 　その他 | 5,238 |
| 　営業外収益合計 | 10,186 |
| 営業外費用 | |
| 　支払利息 | 1,472 |
| 　売電費用 | 772 |
| 　その他 | 1,942 |
| 　営業外費用合計 | 4,187 |
| 経常利益 | 50,064 |
| 特別利益 | |
| 　固定資産売却益 | 70 |
| 　投資有価証券売却益 | 242 |
| 　退職給付制度改定益 | 893 |
| 　その他 | 80 |
| 　特別利益合計 | 1,287 |
| 特別損失 | |
| 　固定資産処分損 | 268 |
| 　減損損失 | 6,445 |
| 　災害による損失 | 321 |
| 　その他 | 732 |
| 　特別損失合計 | 7,767 |
| 税金等調整前当期純利益 | 43,584 |
| 法人税、住民税及び事業税 | 14,172 |
| 法人税等調整額 | △2,830 |
| 法人税等合計 | 11,341 |
| 当期純利益 | 32,242 |
| 非支配株主に帰属する当期純利益 | [注] 417 |
| 親会社株主に帰属する当期純利益 | 31,824 |

[注] 非支配株主は連結子会社の所有者であるから「非支配株主に帰属する当期純利益」は連結子会社の「当期純利益」を非支配株主に配分したものである。

(注) 実際の財務諸表は端数処理を行っているため，各科目の数値とその合計額は必ずしも一致しない。

包括利益計算書を示すと，次のようになる。

### 連結包括利益計算書

自 20X4 年 4 月 1 日 至 20X5 年 3 月 31 日　　（単位：百万円）

| | |
|---|---:|
| 当期純利益 | 32,242 |
| その他の包括利益 | |
| 　その他有価証券評価差額金 | △1,103 |
| 　為替換算調整勘定 | 539 |
| 　退職給付に係る調整額 | △1,322 |
| 　持分法適用会社に対する持分相当額 | △2 |
| 　その他の包括利益合計 | △1,888 |
| 包括利益 | 30,354 |
| （内訳） | |
| 　親会社株主に係る包括利益 | 29,928 |
| 　非支配株主に係る包括利益 | 426 |

【注】　包括利益計算書は，損益計算書の当期純利益からはじめて，損
　　　　益計算書には収容されなかった評価増減（損益）や調整額等を計
　　　　上し，企業全体のすべての価値増減（純資産の増減）を示す包括
　　　　利益を計算している。

　以上の二つの計算書をまとめ，連結損益及び包括利益計算書として開示することも認められている。そこで，この形式の計算書を次に示す。

　なお，本例のヤマダホールディングスは，この形式をとっている。

---

（※）当期純利益と親会社株主に帰属する当期純利益について

　個別財務諸表では，「当期純利益」は，企業が配当や積立てに自由に処分できる利益（処分可能利益）であると同時に，株主の利益でもある。これに対し，連結財務諸表での「当期純利益」は連結体全体の株主（親会社株主と非支配株主）の利益（いわば，連結体の集合利益）である。

　一方，連結体を実質的に支配している親会社の株主の利益をみるためには，「親会社株主に帰属する当期純利益」を見なければならない。なお，連結貸借対照表の資本金は親会社株主に帰属する資本金であるから，この利益概念と結びつく。

　詳しい分析にあたっては，目的に応じて，この二つの利益を使い分けなければならない。しかしながら，本テキストのレベル，および，個別財務諸表と言葉を合わせること，ならびに，項目を厳密に定義・追求することは会計学の知識を必要とすることを考え，本書では，「当期純利益」を使用し①，「親会社株主に帰属する当期純利益」は扱わないこととしている。

①連結と個別とで言葉を変えることは，初学者に混乱を引き起こすことにつながらないかを恐れているため，このような扱いにした。

　なお，この関係については，必要に応じ，側注において説明を加えている。

**＜資料＞　　　連結損益及び包括利益計算書**

自 20X4 年 4 月 1 日 至 20X5 年 3 月 31 日 （単位：百万円）

| | |
|---|---:|
| 売上高 | 1,600,586 |
| 売上原価 | 1,151,815 |
| 売上総利益 | 448,771 |
| 販売費及び一般管理費 | 404,705 |
| 営業利益 | 44,066 |
| 営業外収益 | |
| 　受取利息 | 730 |
| 　仕入割引 | 2,307 |
| 　売電収入 | 1,908 |
| 　その他 | 5,238 |
| 　営業外収益合計 | 10,186 |
| 営業外費用 | |
| 　支払利息 | 1,472 |
| 　売電費用 | 772 |
| 　その他 | 1,942 |
| 　営業外費用合計 | 4,187 |
| 経常利益 | 50,064 |
| 特別利益 | |
| 　固定資産売却益 | 70 |
| 　投資有価証券売却益 | 242 |
| 　退職給付制度改定益 | 893 |
| 　その他 | 80 |
| 　特別利益合計 | 1,287 |
| 特別損失 | |
| 　固定資産処分損 | 268 |
| 　減損損失 | 6,445 |
| 　災害による損失 | 321 |
| 　その他 | 732 |
| 　特別損失合計 | 7,767 |
| 税金等調整前当期純利益 | 43,584 |
| 法人税、住民税及び事業税 | 14,172 |
| 法人税等調整額 | △2,830 |
| 法人税等合計 | 11,341 |
| 当期純利益 | 32,242 |
| （内訳） | |
| 　非支配株主に帰属する当期純利益 | 417 |
| 　親会社株主に帰属する当期純利益 | 31,824 |
| その他の包括利益 | |
| 　その他有価証券評価差額金 | △1,103 |
| 　為替換算調整勘定 | 539 |
| 　退職給付に係る調整額 | △1,322 |
| 　持分法適用会社に対する持分相当額 | △2 |
| 　その他の包括利益合計 | △1,888 |
| 包括利益 | 30,354 |
| （内訳） | |
| 　親会社株主に係る包括利益 | 29,928 |
| 　非支配株主に係る包括利益 | 426 |

この分析で使用する利益 →（連結全体の株主の利益）

17, 19 ページの説明をみよ。

（注）実際の財務諸表は端数処理を行っているため、各科目の数値とその合計額は必ずしも一致しない。

連結財務諸表では，個別財務諸表とは異なり，「損益計算書」に加えて，直接の営利を目的とせず（長期に）保有している（投資）有価証券の時価評価損益や金融資産の価格調整のための繰延ヘッジ損益，海外企業との連結作業にともなう為替換算差額などの企業のいわば"事業"活動と直接関係しない損益を別に計上した「包括利益計算書」の作成が求められている。<sup>①</sup>これらは，企業の事業活動そのものを見る上では必要とされない。したがって，以下の分析指標ではとくに触れてはいない。しかし，知識としては，知っておく必要があるので，その見本を示しておいた。つまり，分析が高度になると必要になる。

損益計算書では，売上総利益（損失），営業利益（損失），経常利益（損失），税金等調整前当期純利益（損失），当期純利益（損失）<sup>②</sup>の5種類の利益（損失）の意味に注目しなければならない。

「売上総利益」は，売上高と売上原価の差として計算される。「売上高」は企業の販売（売上）努力を示し<sup>③</sup>，「売上原価」は販売した商品・製品の原価つまり努力の直接の犠牲を表している。売上総利益は「売上粗利益」または，単に"粗利"ともいわれ，販売活動の純成果を示す。

企業が販売活動のみならず，営業活動さらには事業活動全体を管理していくために，様々な費用を負担しなければならない。これらの費用はまとめて，販売費及び一般管理費として計上される。

「販売費」は，販売活動による費用であり，広告宣伝費をはじめ，店舗の賃借料や火災保険料さらには販売活動による債権の貸倒れの危険に備えるための費用（貸倒引当金繰入額）などがある。

「一般管理費」は，本社など企業の管理機能を維持するための各種費用であり，本社管理部門の人件費，本社社屋の減価償却費，さらには，のれん（企業の組織としての価値－企業の合併や結合の場合に計上される特殊なもの－）の償却額，研究開発費など，企業活動を遂行していく上で発生する各種の費用が含まれる。

「営業利益」は，売上総利益から販売費及び一般管理費を控除して算出される。営業利益は"本業による利益"を示す。

「経常利益」は，「営業利益」に営業外収益を加え，営業外費用を差し引いて計算される。

「営業外収益」は，企業の余裕資金の運用による収益（利益）である。

①包括利益は会計理論上，貸借対照表で「期末純資産－（期首純資産±元入資本）」として計算される。資産負債変動のすべて（増資・減資・配当処分など元入資本の増減による変動を除く）を含んだ利益である。損益計算書の「当期純利益」も，この包括利益の中に入る。なお，包括利益計算書のその他の包括利益は，上の計算式で計算される包括利益のうち当期純利益以外のもののみを表示している。

②貸借対照表では，当期純利益（損失）（連結では，親会社株主に帰属する当期純利益）は貸借対照表の利益剰余金の中の繰越利益剰余金に吸収され，表示上出てこない。

③損益計算書の第1番目の項目である営業収益は本業の成果を示し，通常，販売の事実（売上高）に求める。しかし，業種により，企業の努力が販売にない場合には，販売以外の事実により収益を計上する場合もある。例として，長期の請負工事を行う企業に適用される，工事の進行度に応じて収益を計上する「工事進行基準」がある。

例えば，有価証券（株式）投資による受取配当金や貸付けによる受取利息，為替差益などである。資金に余裕が生じたら，積極的に投資することも企業経営者の仕事である。

「営業外費用」は，営業外収益に対して，たとえば，有価証券投資の損失や関連会社への投資損失（持分法による投資損失）など営業外の活動に基づく費用や損失が含まれる。しかし，金額的に大きく重要なのは，資金調達による費用である。すなわち，企業が事業資金を社債の発行や銀行からの借入金など株主資本以外の外部に求めた場合，その利息などの資金調達に伴う「金融上の費用」がここに計上される。利息の支払いは必ず行わなければならないものであり，この負担が大きいことはしばしば企業経営の不安定要素になる。この他にも，繰延資産の償却費や，営業費用にも特別損失にも収容されなかった少額の費用が計上されるが，その重要性は低い。

経常利益の計算までに計上される収益や費用は，そのほとんどが企業の通常の活動による収益や費用であり，① この利益により，企業業績を判断することができる。②

「税金等調整前当期純利益」は，「経常利益」に**特別利益**を加え，**特別損失**を差し引いて計算される。

「特別利益」は文字通りの特別な利益（臨時・偶発的利益）を収容したものである。例としては，道路拡張計画などにより店舗（建物）の立ち退き金を受け取ったときの利益があげられる。③ これは企業活動と関係のない臨時の利得である。

「特別損失」は，特別利益の反対のものである。つまり，文字通りの特別な損失（臨時・偶発的損失）である。例としては，災害損失のような偶発的な損失がある。また，建物等の固定資産を臨時に売却したときの損失もこれに含まれる。

「当期純利益」は，「税金等調整前当期純利益」から税金（法人税，住民税及び事業税）を差し引き，これに税金の調整にかかわる「法人税等調整額」を加減し求められる。この利益は，税を含む当期までに生じたすべての損益項目を集計した利益である。④

税金の問題は，税法ならびに税務会計を勉強しなければならず，複雑なので，本書では扱わない。つまり，本分析のレベルにおいては，税金等調整前当期純利益は使用しない。

①おおざっぱではあるが，資産負債アプローチのもとでは，企業活動（事業活動に由来しない評価損益や連結のための為替換算などによる調整項目は含まない）による総ての個別の資産・負債の増減にもとづく収益費用ということもできる。
②収益費用アプローチのもとでは，当期の企業活動による収益・費用のみが計上されていたので，当期業績主義の利益ともいわれていた。しかし，資産負債アプローチのもとでは，前期損益修正も，この利益に収容されることになった（「会計上の変更及び誤謬の訂正に関する会計基準」も参照）ので，厳密な意味で当期業績主義の利益とはいえなくなった。
③受け取った金額から立ち退き費用を引いた金額である。
④企業の総事業活動によるすべての収益（利益）・費用（損失）を計上しているので，以前の会計基準では，‘包括主義の利益’と呼ばれていた。これは現行会計の，企業資産負債のすべての変動を示す‘包括利益’の包括とは意味が異なる。

なお，連結損益計算書においては，連結集団全体の利益つまり，「当期純利益」から「非支配株主に帰属する当期純利益」が控除され，「親会社株主に帰属する当期純利益」が最終利益（ボトム利益－計算書の一番下の利益）として計上されている。

⇨ 損益計算書の作成問題（表示法の問題）は94ページへ

---

### 注　意

　連結損益計算書をEDINETもしくは各会社のホームページから入手する場合，その財務表が日本基準以外の，「海外の基準」で作成されている場合がある。下の例はIFRS（国際財務報告基準）で作成されている株式会社ディー・エヌ・エーの連結損益計算書である。16ページの様式と異なるので，注意しよう。

#### 連結損益計算書
自 20X4年4月1日 至 20X5年3月31日　　（単位：百万円）

| | |
|---|---:|
| 売上収益 | 124,116 |
| 売上原価 | △56,206 |
| 売上総利益 | 67,909 |
| 販売費及び一般管理費 | △56,931 |
| その他の収益 | 6,286 |
| その他の費用 | △3,753 |
| 営業利益 | 13,512 |
| 金融収益 | 3,349 |
| 金融費用 | △668 |
| 持分法で会計処理している関連会社の純利益（純損失）に対する持分 | 1,875 |
| 税引前当期利益 | 18,069 |
| 法人所得税費用 | △4,891 |
| 当期利益 | 13,177 |
| 以下に帰属する当期利益 | |
| 　当期利益：親会社の所有者に帰属 | 12,709 |
| 　当期利益：非支配持分に帰属 | 468 |
| 　合計 | 13,177 |

（単位：円）

| | |
|---|---:|
| 親会社の所有者に帰属する1株当たり当期利益 | |
| 　基本的1株当たり当期利益 | 87.47 |

[注] IFRSの損益計算書では，売上総利益が表示されないことがある。また，金融上の収益と費用が独立して表示されている点に特徴がある。さらに特別利益も特別損失も表示されない。当期純利益も当期利益とされている。

---

### 【将来の課題】

　連結財務諸表では，個別と違い，利益，資本，資産の結合関係が複雑である。利益から見た資本と資産の結合関係を示すと，次のようになる。この関係の理解には，財務諸表論の学習が必要であり，この検定のレベルも超える。

| 利益 | 親会社株主に帰属する当期純利益 | 当期純利益 (注)（連結全体の株主の利益） | 包括利益 |
|---|---|---|---|
| 資本 | 株　主　資　本 | 株主資本<br>＋非支配株主持分 | 純資産 |
| 資産 | 総資産－その他の包括利益累計額<br>－非支配株主持分－新株予約権 | 総資産<br>－その他の包括利益累計額<br>－新株予約権 | 総資産 |

(注)　企業資産と関係づけるときの利益概念（企業利益，事業利益）は，利息（負債コスト）の調整も必要となる。つまり，利息と配当金（株主資本コスト）を同じに扱い，当期純利益から配当金を控除するか，当期純利益に利息を加え戻す。66ページ参照。

# 3 株主資本等変動計算書（連結株主資本等変動計算書）

株主資本等変動計算書（＊15，17，19ページの説明もみよ）を例示すると，次の<資料>のようになる。

<資料>

連結株主資本等変動計算書
自 20X4年4月1日 至 20X5年3月31日

(単位：百万円)

| | 株主資本 | | | | | その他の包括利益累計額 | | | | 新株予約権 | 非支配株主持分 | 純資産合計 |
|---|---|---|---|---|---|---|---|---|---|---|---|---|
| | 資本金 | 資本剰余金 | 利益剰余金 | 自己株式 | 株主資本合計 | その他有価証券評価差額金 | 為替換算調整勘定 | 退職給付に係る調整累計額 | その他の包括利益累計額合計 | | | |
| 当期首残高 | 71,100 | 80,989 | 564,882 | △61,251 | 655,720 | △24 | 1,404 | △397 | 982 | 1,725 | 17,849 | 676,277 |
| 当期変動額 | | | | | | | | | | | | |
| 新株の発行 | 24 | 24 | | | 48 | | | | | | | 48 |
| 剰余金の配当 | | | △15,048 | | △15,048 | | | | | | | △15,048 |
| 親会社株主に帰属する当期純利益 | | | 31,824 | | 31,824 | | | | | | | 31,824 |
| 自己株式の取得 | | | | △78,925 | △78,925 | | | | | | | △78,925 |
| 自己株式の処分 | | △1 | | 8 | 6 | | | | | | | 6 |
| 合併による増加 | | | △118 | | △118 | | | | | | | △118 |
| 連結子会社の株式の取得による持分の増減 | | △6,010 | | 18,384 | 12,373 | | | | | | | 12,373 |
| 連結子会社の自己株式の取得による持分の増減 | | △347 | | | △347 | | | | | | | △347 |
| 株主資本以外の項目の当期変動額（純額） | | | | | — | △1,114 | 539 | △1,322 | △1,896 | 237 | △12,657 | △14,316 |
| 当期変動額合計 | 24 | △6,335 | 16,658 | △60,532 | △50,185 | △1,114 | 539 | △1,322 | △1,896 | 237 | △12,657 | △64,502 |
| 当期末残高 | 71,124 | 74,653 | 581,540 | △121,784 | 605,535 | △1,139 | 1,943 | △1,719 | △914 | 1,963 | 5,191 | 611,775 |

point
・株主ないし投資家の立場で配当に関わる情報をみるときは，利益剰余金の部の剰余金の配当の金額をみること。会社法は資本（資本剰余金）からの配当も認めているので，株主資本合計の欄の剰余金の配当にはこの資本からの配当も含まれる。

(注) 実際の財務諸表は端数処理を行っているため，各科目の数値とその合計額は必ずしも一致しない。

株主資本等変動計算書は，貸借対照表の純資産の部の項目の変動を報告する。純資産の部の概略はすでに貸借対照表の箇所で説明している。

本書では，この計算書の情報を主な分析に使用することはしないが，例えば，配当などに関わる情報として利用するので，その見方にふれておく。この計算書の上段・見出しの表示を見て欲しい。

**株主資本**の欄では，第一に，増資や減資など株主（連結では，親会社株主）の資本の動きを，「資本金」，及び「資本剰余金」の増減としてみることができる。[①]

会社の利益の処分，配当の仕方，損失の処理の仕方は，「利益剰余金」の増減によりみることができる。[②]また，個別財務諸表の次元では，企業の利益留保政策を積立金の増減でみることができる。[③]

**その他の包括利益累計額**の欄では，その他有価証券評価差額金の金額が大きい。これは，固定資産の部の「投資その他の資産」の部に収容されている投資有価証券の時価評価に伴い計上される項目である。これは，企業の業績（企業の主体的な活動実績－事業活動－）とは直接関係がない。この意味で，財務諸表分析では，通常，この変動は無視されることが多い。本書もこの立場を取るが，さらに，詳しい分析の段階に進んだときには，これについても配慮しなければならなくなる。

**新株予約権**は，会社が新株を発行する約束である。多くの場合，実際に接することはまれである。本例のように，これがあるときは，その他の包括利益累計額の次の欄に計上される。

**非支配株主持分**は，連結集団のなかの親会社以外の株主の持分であるが，通常は，親会社資本と比べて金額的に小さいので，本書の分析ではとくに扱わない。ただし，企業集団の状況を詳しく判断する場合には必要になる。

①資本調達の報告の仕方，つまり，会社と株主の関係は「会社法」により決められている。

②利益（留保利益）からの配当は，利益剰余金の欄の「剰余金の配当」をみる。

なお，配当は資本剰余金からも行うことができる。したがって，株主資本合計の欄の「剰余金の配当」はこの二つの配当源泉の合計となる。

③連結株主資本等変動計算書には，この動きは<資料>のように表示されない。個別の株主資本等変動計算書では，積立金の表示欄がある。

⇒ 株主資本等変動計算書の作成問題（表示法の問題）は95ページへ

# 4 キャッシュ・フロー計算書(連結キャッシュ・フロー計算書)

キャッシュ・フロー計算書を例示すると，次の＜資料＞のようになる。

<資料> 連結キャッシュ・フロー計算書

自 20X4 年 4 月 1 日 至 20X5 年 3 月 31 日 （単位：百万円）

| | |
|---|---:|
| 営業活動によるキャッシュ・フロー | |
| 　税金等調整前当期純利益 | 43,584 |
| 　減価償却費 | 24,621 |
| 　減損損失 | 6,445 |
| 　のれん償却額 | 504 |
| 　貸倒引当金の増減額 （△は減少） | 234 |
| 　退職給付に係る負債の増減額 （△は減少） | 1,527 |
| 　受取利息及び受取配当金 | △1,045 |
| 　支払利息 | 1,472 |
| 　為替差損益 （△は益） | △101 |
| 　投資有価証券売却損益 （△は益） | △211 |
| 　固定資産処分損益 （△は益） | 197 |
| 　売上債権の増減額 （△は増加） | △831 |
| 　未収入金の増減額 （△は増加） | △4,536 |
| 　営業貸付金の増減額 （△は増加） | △821 |
| 　棚卸資産の増減額 （△は増加） | 1,430 |
| 　仕入債務の増減額 （△は減少） | △5,620 |
| 　未成工事受入金の増減額 （△は減少） | △4,124 |
| 　契約負債の増減額 （△は減少） | △8,186 |
| 　その他 | 3,143 |
| 　小計 | 57,683 |
| 　利息及び配当金の受取額 | 571 |
| 　利息の支払額 | △1,468 |
| 　法人税等の支払額又は還付額 （△は支払） | △13,046 |
| 　営業活動によるキャッシュ・フロー | 43,740 |
| 投資活動によるキャッシュ・フロー | |
| 　定期預金の預入による支出 | △672 |
| 　定期預金の払戻による収入 | 636 |
| 　有形固定資産の取得による支出 | △20,363 |
| 　有形固定資産の売却による収入 | 427 |
| 　無形固定資産の取得による支出 | △1,172 |
| 　投資有価証券の取得による支出 | △1,105 |
| 　投資有価証券の売却及び償還による収入 | 679 |
| 　関係会社株式の取得による支出 | △4,841 |
| 　差入保証金の差入による支出 | △3,169 |
| 　差入保証金の回収による収入 | 5,291 |
| 　連結の範囲の変更を伴う子会社株式の取得による支出 | △1,618 |
| 　連結の範囲の変更を伴う子会社株式の取得による収入 | 539 |
| 　貸付けによる支出 | △221 |
| 　貸付金の回収による収入 | 520 |
| 　その他 | △140 |
| 　投資活動によるキャッシュ・フロー | △25,209 |
| 財務活動によるキャッシュ・フロー | |
| 　短期借入金の純増減額 （△は減少） ［注］ | 53,939 |
| 　長期借入れによる収入 | 75,336 |
| 　長期借入金の返済による支出 | △59,205 |
| 　自己株式の取得による支出 | △78,925 |
| 　リース債務の返済による支出 | △5,266 |
| 　配当金の支払額 | △15,041 |
| 　その他 | △291 |
| 　財務活動によるキャッシュ・フロー | △29,453 |
| 現金及び現金同等物に係る換算差額 | 810 |
| 現金及び現金同等物の増減額 （△は減少） | △10,111 |
| 現金及び現金同等物の期首残高 | 56,470 |
| 非連結子会社との合併に伴う現金及び現金同等物の増加額 | 128 |
| 現金及び現金同等物の期末残高 | 46,486 |

point

・企業の将来をみすえた設備投資は，有形固定資産の取得による支出にみるように「投資活動によるキャッシュ・フロー」の部でみる。

・企業の資金調達の方法は，長期借入れによる収入のように「財務活動によるキャッシュ・フロー」の部でみる。この活動で重要なものとして，社債発行による収入や新株発行による収入がある。

［注］ 短期借入金については，このように純額で示す方法と，「短期借入金による収入」と「短期借入金の返済による支出」とに分けて表示する方法とがある。
　　　純額で示す方法は，短期の借入活動を企業のルーティンな活動とみていることによる。

（注） 実際の財務諸表は端数処理を行っているため，各科目の数値とその合計額は必ずしも一致しない。

キャッシュ・フロー計算書は，企業活動による**現金及び現金同等物**[①]（キャッシュ：支払手段）の流れを，**営業活動によるキャッシュ・フロー**，**投資活動によるキャッシュ・フロー**，**財務活動によるキャッシュ・フロー**の3部に分けて報告する計算書である。これにより，企業の資金の流れ（お金の動き）を把握できる。

企業にとって，利益を獲得することは最も重要である。このためには，利益獲得活動に投資する資金を調達しなければならない。また，利益が出たといっても，売掛金や手形の段階に留まっており，現金や現金同等物（キャッシュ）が入ってこなければ，それを支払手段として使用することができない。また，入ってきたとしても，過大な設備投資などに使ってしまえば，「資金繰り」に困る。つまり，利益があってもお金（資金）がない状態[②]いわゆる"黒字倒産"に陥るかもしれない。このように，企業経営にとってキャッシュ（資金）の流れは重要であり，これを示すのがこの計算書である。

この計算書において，注意しなければならないのは，「営業」の意味が損益計算書の「営業」と異なる点である。計算書の「投資活動によるキャッシュ・フロー」の部では，企業が設備の取得や投資として株式や社債の購入にどれだけ支出したかを示す一方，「財務活動によるキャッシュ・フロー」の部では株式をはじめ社債の発行や銀行借入れなど資金の調達先と金額を明らかにすることを目的としている。これに対し，これらの活動に帰属しない活動のキャッシュの流れがすべて「"営業"活動によるキャッシュ・フロー」の部に収容される。例としては，損益計算書で営業費用とされていない税金や損害賠償の支払額があげられる[③]。

利息の支払額ならびに利息と配当金の受取額の開示については，これらを「営業活動によるキャッシュ・フロー」に含める方法（本例の方法）と，利息と配当金の受取額を「投資活動によるキャッシュ・フロー」，利息の支払額を「財務活動によるキャッシュ・フロー」に計上する二つの方法がある[④]。これらの金額が大きいときには，それぞれの活動の分析において注意しなければならない。なお，配当金の支払いは「財務活動によるキャッシュ・フロー」とされる。

さらに，「営業活動によるキャッシュ・フロー」の開示について，「**直接法**[⑤]」と「**間接法**」（本例の方法）の二つの方法がある。直接法は，売上収入や仕入支出など現金及び現金同等物の流れを直接に表示する方法

①現金とは「手許現金及び要求払預金」をいい，要求払預金は当座預金，普通預金，通知預金などである。現金同等物とは「容易に換金可能であり，かつ，価値の変動について僅少なリスクしか負わない短期投資」をいい，満期または償還日までの期間が3か月以内の定期預金・譲渡性預金・コマーシャル・ペーパー・公社債投資信託などが含まれる。これらは，貸借対照表では，現金及び預金や流動資産の中の有価証券の中に入っているので，貸借対照表からは知りえず，別に帳簿で確認する必要がある。

②これは「勘定あって銭足らず」ともいわれる。

③損益計算書での営業費用には固定資産の利用による減価償却費が含まれるが，キャッシュ・フロー計算書では，資金の動きがないので，対象とならない。

④わが国の実務では，営業活動に含める方が多い。

⑤わが国の企業が直接法で開示することは，ほとんどない。

である。間接法は，税金等調整前当期純利益から売掛金や買掛金ならびに商品の増減及び減価償却費など資金の流れを伴わない項目を加算減算することによりキャッシュの流れを逆算する方法である。実務上はほとんど間接法で作成されている。よって，本テキストでは，間接法のキャッシュ・フロー計算書のみを取り上げている。本書の範囲の分析では，キャッシュつまり資金の基本的な動きをとらえられればよい。

キャッシュ・フロー計算書の作成問題（表示法の問題）は96ページへ

これまでに掲げた財務諸表のほかに，第2部，第3部で実際に財務諸表分析を行うにあたって必要となる資料は，次のとおりである。

<資料> 1. 20X4年3月31日現在の発行済株式総数（自己株式を除く）：855.9百万株
　　　　2. 20X5年3月31日現在の発行済株式総数（自己株式を除く）：728.3百万株
　　　　3. 20X5年3月31日現在の株価（終値）：　　　　　　　　　　　456円
　　　　4. 計算のための追加資料：

| 期首総資産 | 1,271,668百万円 |
| 期首株主資本 | 655,720百万円 |
| 期首使用資産 | 1,266,828百万円 |
| 期首営業資産 | 1,094,886百万円 |
| 期首固定資産 | 650,388百万円 |
| 期首売上債権 | 13,248百万円 |
| 期首棚卸資産 | 361,074百万円 |
| 期首仕入債務 | 94,564百万円 |

## 5 とくに留意すべき項目

　ここでは，財務諸表上，金額が大きいので，とくに留意すべき項目をあげておく。それは，税金に関係して出てくる**繰延税金資産・負債**と，従業員の退職金や年金にかかわる**退職給付に係る負債**である。

　「繰延税金資産」は，会計上，損益計算書で費用としたが，税務当局が損金（費用）と認めなかったために出てくる項目である。その費用が，将来，損金として認められたときに，そのぶん税金が安くなる。そこで，税金が安くなる，この効果を資産として計上している。ただし，税金が安くなるといっても，安くなる期に，この損失をカバーできるだけの利益（税法では，所得という）を計上できなければ，この効果は受けられない。この点で，資産として確実とはいえず，とくに損失を計上するかもしれない業績の悪い企業をみるとき，注意しなければならない。[①]

　「繰延税金負債」は，繰延税金資産とは逆に，会計上，利益を計上したが，税務上，所得とされなかったときに発生する計算上の納税義務である。例えば，投資有価証券は会計上，時価で評価することが求められるが，当期には，この評価益（その他有価証券評価差額金）に税金がかか

①例えば，企業が不良債権と判定し，貸倒引当金を設定したが，この繰入額が税務上損金として認められないときに，この繰延税金資産が計上され，この資産計上分，利益は大きくなる。つまり，この資産の計上は不良債権を多く抱えている恐れがある。

　なお，将来，実際に貸倒れたときには，その損失分，利益（所得）が少なくなり，税金が安くなる。

らない。しかし，将来，この有価証券を売却したときに，この所得に税金がかかる。そこで，この予想の支払いを負債として計上したものである。

「退職給付に係る負債」は，将来の従業員の退職金や年金の支払いに備えたものである。そのしくみは複雑である。まず，この計算のために，従業員ひとりひとりの将来の退職金と年金の支払額を予測しなければならない。そして，この予測自体，複雑で，実際には大きな差異が発生する。さらに，企業はこの支払いに備え，退職費用計上額（年金基金拠出金）を年金基金として，金融機関などに運用を任せる。任された機関は実際の年金支払い業務と年金基金の運用益の獲得を行う。そして，この外部の基金有高が従業員全体への予想退職債務を下回ったときに，計算上の不足分として計上するのが，退職給付に係る負債である。財務諸表をみれば，しばしばこの金額が大きくなっている（本例参照）。このような複雑な性格をもったものであることは注意を要する。とくに，外部委託した運用損益が基金の金額に影響を与えるので，株価など外部の経済状況が費用の増加として企業の業績に影響を与える。つまり，企業外の状況が企業業績に影響するので，分析にあたって注意しなければならない。

ただし，本書の段階では，企業をみるうえでの注意点として指摘するにとどめておく。このような詳しい情報は使用しないからである。

①個別財務諸表では，退職給付引当金とされる。なお，そもそも退職給付は個別企業とその従業員との関係で決まるものである。

# 第 3 章 財務諸表分析の目的と方法

## 1 財務諸表分析の目的

社会的存在としての企業には，企業を経営している '経営者' はもちろん，働いている '従業員' さらには，企業に投資をしている '株主' や '銀行' ならびに '取引先' など多くの利害関係者が存在する。これらの利害関係者は今，企業がどのような状況にあるのかに関心をもつ。加えて，企業は市場から株式や社債の発行により資金を調達しているので，株式や社債を売買しようとする '投資家' も利害関係者として，企業の状況を知りたがっているし，'国' もまた，経済運営のために，企業の状態に関心をもつ。企業はこれらの要請にこたえるために，財務諸表を公表する。財務諸表分析は，これらの関心にこたえるため，財務諸表により企業の状況を判断する方法である。

企業をみるうえで重要な点は，第一に，利益をあげているかどうか，さらに，どのようにしてあげているか，つまり，「収益性」の分析である。財務諸表分析の第一の目的に，この**収益性分析**があげられる。

次に，企業は，将来に向かって安全でなければならない。いくら利益をあげても，それを使ってしまえば，支払いに困り安全ではなくなる。このような給料や仕入先への支払いはもちろん，銀行などからお金を借りた場合には，これら負債に対する支払いに対応できるかどうかについても気を配らなければならない。このように「安全性」が確保されているかどうかをみる分析を，**安全性分析**という。これが財務諸表分析の第二の目的となる。収益性と安全性が分析の2本柱となる。加えて，企業の関心により，独自の分析の視点と目的が存在するが，本書の範囲では，この二つの視点に立ち分析を行う。

さらに，近年の証券市場への関心から，投資家の立場での基本的な分析法についても扱う。⇒財務諸表分析の学習の仕方（9ページをみよ）

（9ページをみよ）

## ② 財務諸表分析の方法

具体的な収益性と安全性の分析の手法に入る前に，財務諸表分析の方法について述べておかなければならない。財務諸表をみるとき，もっとも基本的な方法は，実際の数値をみて，企業を評価する方法である。これを**実数分析**という。しかし，この方法には欠点がある。例えば，A企業とB企業がともに，2百万円の利益をあげたとして，A企業とB企業は同じ収益力があるとはいえないからである。なぜなら，A企業はこの利益をあげるのに，1億円の資産を使用したのに対し，B企業はその倍の2億円の資産を使用したかもしれないからである。このように，実態を把握するためには，他の何かと関係づけてみることが必要である。資産利益率（例えばROA，第4章第1項）の場合には，これにより，資産規模の差が排除される。このように他の要素と関連づけて分析する方法を，**比率分析**という。本書の分析方法は，原則として，この比率分析によっている。

さらに，当期の企業の判断においては，当期のみをみただけでは不十分である。つまり，現在の状況になるまでには，どのような過程を踏んできたのかという過去の経緯もみなければならない。このような時系列で分析を行う方法を**趨勢分析**という。

①正確には，利益に相当する資金。なお，利益をあげても，それに対応する資金が売掛金や受取手形のままであれば，支払資金として利用できない。

②例として，企業が生産活動により創出した価値（付加価値）に基づく「付加価値分配率」があげられる。その中でも，労働者に対する分配率を示す「労働分配率（賃金分配率）」は労働者にとって重要な指標である。

③第4章1，総資産当期純利益率をみよ。

しかし，これでもなお不十分である。つまり，単独で企業をみても，本当によいかどうかはわからないからである。このためには，他の企業と比較しなければならない。このように他の企業の指標と比較する方法を**比較分析**という。本書は，「比率分析」にもとづく「比較分析」（"企業間比較"）と「趨勢分析」（"期間比較"）を主として扱う。[1]

①第4部7章8章をみよ。

## 【課題】（第4章・第5章・第6章）のための財務諸表

既述の商業・ヤマダホールディングスの財務諸表とは別の資料として，以下に，工業・三井化学㈱の20X4年4月1日から20X5年3月31日の貸借対照表，損益計算書およびキャッシュ・フロー計算書も用意した。[1]これは，次章以降の【課題】で，実際に各指標の数値を計算してもらうための資料である。なお，実際の財務諸表はこれよりも詳しくなっているが，ここでは重要な項目だけを示し，それ以外は「その他」としている。

①ここでは，商業に対する工業の特徴についても学んで欲しい。

【課題】の解答は第6章のあとに示している。

**＜資料＞**

### 連結貸借対照表
20X5年3月31日 　　　　　　　　　　　　　　　　　　　（単位：百万円）

| 資産の部 | | 負債の部 | |
|---|--:|---|--:|
| 流動資産 | | 流動負債 | |
| 　現金及び預金 | 111,056 | 　支払手形及び買掛金 | 163,908 |
| 　受取手形及び売掛金 | 310,591 | 　短期借入金 | 92,733 |
| 　たな卸資産 | 301,890 | 　その他 | 202,117 |
| 　その他 | 63,858 | 　流動負債合計 | 458,758 |
| 　貸倒引当金 | △718 | 固定負債 | |
| 　流動資産合計 | 786,677 | 　社債 | 66,348 |
| 固定資産 | | 　長期借入金 | 254,850 |
| 　有形固定資産 | | 　その他 | 89,289 |
| 　　建物及び構築物（純額） | 111,457 | 　固定負債合計 | 410,577 |
| 　　機械装置及び運搬具（純額） | 140,971 | 負債合計 | 869,335 |
| 　　土地 | 156,556 | 純資産の部 | |
| 　　建設仮勘定 | 18,515 | 　株主資本 | |
| 　　その他（純額） | 15,564 | 　　資本金 | 125,205 |
| 　　有形固定資産合計 | 443,063 | 　　資本剰余金 | 89,406 |
| 　無形固定資産合計 | 29,385 | 　　利益剰余金 | 348,202 |
| 　投資その他の資産合計 | 241,949 | 　　自己株式 | △29,869 |
| 　固定資産合計 | 714,397 | 　　株主資本合計 | 532,944 |
| 資産合計 | 1,501,074 | 　その他の包括利益累計額合計 | 18,971 |
| | | 　非支配株主持分 | 79,824 |
| | | 純資産合計 | 631,739 |
| | | 負債純資産合計 | 1,501,074 |

（注）実際の財務諸表は端数処理を行っているため，各項目の数値とその合計額は必ずしも一致しない。

※以下の分析で使用する数値を　　　　　　　で示している。

①連結財務諸表規則では，連結損益計算書（第3章）と連結包括利益計算書（第3章の2）の二つの計算書の開示を求めているが，これらを一つの計算書（連結損益及び包括利益計算書）（第3章2）として開示することも認めている（第69条の3）。本例では，この方式によっている。

一方，以下の分析では，連結包括利益計算書の値を使用しないので，連結損益計算書のみを示している。

&lt;資料&gt;

## 連結損益計算書①

自 20X4 年 4 月 1 日 至 20X5 年 3 月 31 日 　　　（単位：百万円）

| 売上高 | 1,482,909 |
|---|---|
| 売上原価 | 1,166,577 |
| 売上総利益 | 316,332 |
| 販売費及び一般管理費 | 222,905 |
| 営業利益 | 93,427 |
| 営業外収益 | 20,797 |
| 営業外費用 | |
| 　支払利息 | 5,534 |
| 　休止費用 | 893 |
| 　その他 | 4,825 |
| 　営業外費用合計 | 11,252 |
| 経常利益 | 102,972 |
| 特別利益 | |
| 　固定資産売却益 | 79 |
| 　投資有価証券売却益 | 3,663 |
| 　事業譲渡益 | 743 |
| 　受取保険金 | 11,368 |
| 　特別利益合計 | 15,853 |
| 特別損失 | |
| 　固定資産処分損 | 4,352 |
| 　固定資産売却損 | 75 |
| 　減損損失 | 1,454 |
| 　投資有価証券評価損 | 171 |
| 　火災による損失 | 7,476 |
| 　特別損失合計 | 13,528 |
| 税金等調整前当期純利益 | 105,297 |
| 法人税，住民税及び事業税 | 18,879 |
| 法人税等調整額 | △105 |
| 法人税等合計 | 18,774 |
| 当期純利益 | 86,523 |
| 非支配株主に帰属する当期純利益 | 10,408 |
| 親会社株主に帰属する当期純利益 | 76,115 |

（注）実際の財務諸表は端数処理を行っているため，各科目の数値とその合計額は必ずしも一致しない。

※以下の分析で使用する数値を　　　　　　　　で示している。

<資料>

## 連結キャッシュ・フロー計算書

自 20X4 年 4 月 1 日 至 20X5 年 3 月 31 日　　　　　　（単位：百万円）

| | |
|---|---:|
| 営業活動によるキャッシュ・フロー | |
| 　税金等調整前当期純利益又は税金等調整前当期純損失（△） | 105,297 |
| 　減価償却費 | 48,853 |
| 　のれん償却額 | 651 |
| 　減損損失 | 1,454 |
| 　貸倒引当金の増減額（△は減少） | 97 |
| 　受取利息及び受取配当金 | △4,862 |
| 　受取保険金 | △11,787 |
| 　支払利息 | 5,534 |
| 　持分法による投資損益（△は益） | △10,807 |
| 　投資有価証券売却損益（△は益） | △3,650 |
| 　投資有価証券評価損益（△は益） | 171 |
| 　固定資産除却損 | 1,050 |
| 　固定資産売却損益（△は益） | △4 |
| 　売上債権の増減額（△は増加） | △3,255 |
| 　たな卸資産の増減額（△は増加） | △26,629 |
| 　仕入債務の増減額（△は減少） | 1,300 |
| 　その他 | 8,382 |
| 　小計 | 111,795 |
| 　利息及び配当金の受取額 | 8,975 |
| 　利息の支払額 | △5,507 |
| 　保険金の受取額 | 11,353 |
| 　法人税等の支払額 | △17,124 |
| 　営業活動によるキャッシュ・フロー | 109,492 |
| 投資活動によるキャッシュ・フロー | △64,255 |
| 財務活動によるキャッシュ・フロー | △14,134 |
| 現金及び現金同等物に係る換算差額 | △92 |
| 現金及び現金同等物の増減額（△は減少） | 31,011 |
| 現金及び現金同等物の期首残高 | 78,828 |
| 現金及び現金同等物の期末残高 | 109,839 |

（注）実際の財務諸表は端数処理を行っているため，各科目の数値とその合計額は必ずしも
　　　一致しない。

※以下の分析で使用する数値を▨▨▨▨▨で示している。

【追加資料】

| | | | |
|---|---:|---|---:|
| 20X5 年 3 月 31 日現在の株価 | 2,671 円 | 期首使用資産 | 1,410,847 百万円 |
| 20X4 年 3 月 31 日現在の発行済株式総数[※1] | 198.7 百万株 | 期首営業資産 | 1,175,248 百万円 |
| 20X5 年 3 月 31 日現在の発行済株式総数[※1] | 195.1 百万株 | 期首固定資産 | 699,983 百万円 |
| 配当金支払額[※2] | 18,878 百万円 | 期首売上債権 | 306,226 百万円 |
| 期首総資産 | 1,431,309 百万円 | 期首棚卸資産 | 274,342 百万円 |
| 期首株主資本 | 485,610 百万円 | 期首仕入債務 | 162,179 百万円 |

※1 自己株式を除く。

※2 連結株主資本等変動計算書（利益剰余金の部）より。

# 第2部
# 企業管理と株主のための分析

## 第 **4** 章 収益性の分析

本章では，収益性の分析について学ぶ。

最初は，貸借対照表と損益計算書を利用する分析を学び，次に，損益計算書のみを利用する方法へと進む。

> 分析の各方法に，「**ア.** から**タ.**」までの符号をつけたが，これは，第4部の「財務諸表分析の実際」の指標計算に相応する。また，分析手法には，主にどの立場（企業や株主など）で利用されるかという視点での(1)や(2)の小見出しがつけてある。第2章＜資料＞の財務諸表の数値を小数点第2位を四捨五入し計算している。
>
> この各指標の学習をした後，【課題】の29ページから31ページの三井化学の財務諸表から，各指標の数値を実際に計算し，自身の理解を確認してほしい。計算の際は，小数点第2位を四捨五入し，小数点第1位まで求めること。解答は57ページ以下に示している。

## 1 貸借対照表と損益計算書を利用する方法

### (1) 企業の全体的な判断（分析の基本形）

### 1) 資産利益率（貸借対照表借方資産の効率性）

### ◆ア. 総資産当期純利益率①

損益計算書の当期純利益②を貸借対照表の総資産（期中平均）で割った指標で，しばしば，$\underset{\text{アール・オー・エー}}{\textbf{ROA}}$（return on assets）と表示され，次の算式で求められる。

$$総資産当期純利益率 = \frac{当期純利益}{(期首総資産＋期末総資産) \div 2} \times 100（\%）$$

原則 高い方が望ましい。

原則 について：
判断の指針を与えるため，この印で"目安"を示したが，これはあくまでも目安であり，最終的には，他の指標も考慮に入れて判断する必要がある。

① 総資産額には，損益計算書に計上されない投資有価証券の評価損益（その他有価証券評価差額金）などその他の包括利益累計額が含まれる。これらは，総資産のみを増減させるので，正しくは，これらについて調整する必要がある。つまり，総資産額からその他の包括利益累計額を控除した値を総資産額とする。しかし，実務上は，このような調整は行わず，この率を計算する。

② 当期純利益の計算において，支払利息（他人資本利子）は控除されているのに対し，配当金（自己資本利子）は控除されていない。そこで，資本調達（資本コスト）の違いを同じにするために，**利払前当期純利益**（当期純利益＋支払利息）が利用されることがある。これについては第4部66ページ参照。

当期純利益を企業が使用した当期中の総資産（の平均）で割ることにより，企業が資産をどのくらい，有効に使用したかが示される。A社の当期純利益とB社の当期純利益の金額（絶対額）を比較しても，両社の「よしあし」の比較はできない。規模が大きければ，利益の絶対額が大きくなるからである。総資産で割ることにより，規模に関係しない企業の業績が示される。

&lt;資料&gt;の計算

$$\frac{32,242}{(1,271,668+1,271,181)\div 2}\times 100 = 2.5\%$$

この企業がよい企業かどうかは全産業との比較による。さらに，業種としての特殊性を考えると，同業他社との比較により判断される。また，経済全体での当該企業への投資の効果の視点でみる場合には，長期金利よりも高い利益率を確保することが望まれる。

┌─【課　題】────────────────────────
│　〈計算式〉　　　　　　　　　　　　　　　　　　＝　　　　％
└──────────────────────────────────

## (2) 株主の立場（貸借対照表貸方資本の収益性）

### ◆イ. 株主資本当期純利益率②③

当期純利益を株主資本（期中平均）で割った指標で，しばしば，
ROE（return on equity）④と表示され，次の計算式で求められる。

（アール・オー・イー）

$$株主資本当期純利益率 = \frac{当期純利益③}{（期首株主資本＋期末株主資本）\div 2}\times 100（\%）$$

原則 ＞ 高い方が望ましい。

企業経営に対して最終の責任をもたされるのは株主である。そこで，⑤株主の投資した資本が有効に運用されたかをみることは重要である。この比率は，株主が自分の投資を現在の経営者に任せておくことがよいかどうかを判断するために用いられる。現在株主が経営者を交代させるかどうかの判断は同業他社との比較による。

&lt;資料&gt;の計算

$$\frac{32,242}{(655,720+605,535)\div 2}\times 100 = 5.1\%$$

さらに，今現在，株式を購入しようとしている投資家にとっても当該企業に投資をするかどうかの判断をするときの，有用な情報になる。⑦

---

①正しくは，その時々に使用している総資産の累計額を企業の活動日数で割る。しかし，これは不可能なので，期首・期末の平均を用いる。

②実務では，自己資本利益率とすることもある。しかし，資産負債アプローチに会計が変わったので，自己資本という概念は理論上なくなった。ただし，「企業内容等の開示に関する内閣府令」第二号様式では，自己資本を，純資産－新株予約権－非支配株主持分としている。

③親会社の株主資本に対するのであるから，「親会社株主に帰属する当期純利益」とするのが正しいが，ここでは，当期純利益を使用する（17ページ参照）。

④equityは株主持分という意味である。

⑤最終責任とは，企業を清算したとき，債権者へ企業の財産を返済する責任である。つまり，株主には，残った財産（残余財産）しか戻ってこない。

⑥ROEは，
$$\frac{当期純利益}{期中平均総資産}\times\frac{期中平均総資産}{期中平均株主資本}$$
に分解される。そこで，ROEの上昇は，前者のROAつまり企業の利益を高めるだけではなく，後者すなわち資本構成（資金の調達方法）を変化させることによっても達成できる。この式では，株主資本を低め，総資産を大きくすること，すなわち負債を大きくすれば，後者の数値は高められる。この場合，負債，借入金には，支払利息がかかるから，利子率とROAが等しいことが前提となる。いま，ROAより利子率が低い場合には，この差はROEを押し上げ，利得が負債保有者（債権者）から株主に移転する。逆に利子率が高いと利得が株主から債権者に移転する。この関係を財務レバレッジという。企業は市場金利が低いと，このレバレッジの恩恵を受ける。また，借入れによる設備投資に積極的になる。市場金利の決定が重要な理由である。

⑦この率が金利より低いとき，投資家は定期預金などにより利子をえた方がよい。

【課　題】

〈計算式〉　　　　　　　　　　　　　　　　　　　=　　　　　%

## (3) 企業の立場（貸借対照表借方資産の収益性）

### 1）資産利益率

### ◆ウ．総資産経常利益率

損益計算書の経常利益を貸借対照表の総資産（期中平均）で割った指標で，次の計算式で求められる。

$$\text{総資産経常利益率} = \frac{\text{経常利益}}{(\text{期首総資産}+\text{期末総資産})\div 2} \times 100 (\%)$$

原則 ▷ 高い方が望ましい。

経常利益は企業の業績を反映しているから，それを企業に投資されている資金額つまり期中平均の総資産で割ることにより，企業の資産がどれだけ有効に利用されたかが計算される。これにより，企業がうまく経営されたかどうかが判断される。

＜資料＞の計算

$$\frac{50,064}{(1,271,668+1,271,181)\div 2} \times 100 = 3.9\%$$

経営者の業績がよいかどうかは他の同種企業の比率との比較によるが，経済全体のなかで評価する場合には，最低，長期市場金利より高い利益率を確保することが求められる。[①]

【課　題】

〈計算式〉　　　　　　　　　　　　　　　　　　　=　　　　　%

### ◆エ．使用資産[②]経常利益率

経常利益を貸借対照表の使用資産（期中平均）で割った指標で，次の計算式で求められる。

$$\text{使用資産経常利益率} = \frac{\text{経常利益}}{(\text{期首使用資産}+\text{期末使用資産})\div 2} \times 100 (\%)$$

原則 ▷ 高い方が望ましい。

総資産のなかには，建設中の店舗や工場設備つまり建設仮勘定，ソフトウェア仮勘定など実際には使用されていない資産が存在する。使用されていない資産は**仮勘定**としてあらわされているが，「○○仮勘定」が

①長期金利よりも低い場合には，当該企業は経済全体の中での活動主体として意味がないことになる。この時の分子は「利払前経常利益」の方が資本利子を同等に扱っており，論理的である。

②理論的には，当該資産にかかる費用（や収益）が経常利益計算要素に入っていることが，使用資産を決める規準になる。しかし，この財務諸表分析では，明らかに使用されていない資産を排除する方法をとっている。

なお，繰延資産はその償却（費用）が営業外費用に計上されるので，使用資産となる。

総資産として計上されることによって，当期に実際に使用した資産より大きな数値となってしまう。そこで，総資産から仮勘定を排除することにより，企業が実際に使用している資産の収益性を評価する。

＜資料＞の計算

$$\frac{50,064}{(1,266,828 + 1,265,158^{①}) \div 2} \times 100 = 4.0\%$$

この比率により，企業経営の業績が判断される。

【課 題】

〈計算式〉　　　　　　　　　　　　　　　　　　＝　　　　　％

◆オ．営業資産営業利益率[②]

　企業の営業活動を反映する営業利益をこの利益を獲得するために使用した営業資産（期中平均）で割った指標で，次の計算式で求められる。

営業資産営業利益率 ＝ $\dfrac{営業利益}{(期首営業資産＋期末営業資産) \div 2} \times 100（\%）$

原則 ▷ 高い方が望ましい。

　これは，企業活動全体ではなく，営業活動のみをみている。営業活動は企業にとってもっとも重要な活動である。この比率により，企業の主たる活動いわゆる営業の業績が判定される。

＜資料＞の計算

$$\frac{44,066}{(1,094,886 + 1,089,416^{③}) \div 2} \times 100 = 4.0\%$$

　ここでは，現金及び預金・受取手形及び売掛金（貸倒引当金控除後）・棚卸資産などの流動資産・建物及び構築物・機械装置及び運搬具・土地・のれん・ソフトウェアなどの固定資産を営業資産[②]としている。[④]

【課 題】

〈計算式〉　　　　　　　　　　　　　　　　　　＝　　　　　％

## 2）回転率（効率性）

　回転率つまり資産利用の効率性の表示については，パーセントで示す方法もあるが，本書では，何回使用されたかという「回」を単位として使用する。

◆カ．総資産回転率（総収益対総資産）

　企業の総収益（売上高，営業外収益，特別利益の合計）を貸借対照表の総資産（期中平均）で割った指標で，次の計算式で求められる。

①期末使用資産 1,265,158
　＝期末総資産 1,271,181
　−建設仮勘定 6,023

②理論的には，当該資産にかかる費用（収益）が営業利益の中に入っていることが営業資産の範囲（ただし，土地は償却をしないが営業資産である。）を決める。しかし，ここでは，明らかに営業に使用していない資産である「仮勘定」と「投資その他の資産」を排除する方法をとっている。正確には，流動資産の中の有価証券や貸付金も，これに関わる受取配当金や売却損益，受取利息などが営業外収益費用となっているので，営業資産から排除しなければならない。このようにつき進めていくと，総ての個々の資産項目の分析が必要になっていく。しかし，本書の段階の分析では，概略が分かればよいので，詳しい分析までは求めない。

③期末営業資産 1,089,416
　＝期末総資産 1,271,181
　−建設仮勘定 6,023−投資その他の資産 175,742

④実際の貸借対照表から営業資産を抜き出すのはむずかしい。高い会計学の知識を必要とする。そこで，この財務諸表分析では，推理して概略をつかむこととしている。

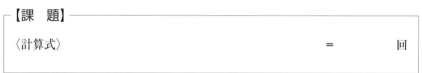

$$\text{総収益対総資産} = \frac{\text{総収益}}{(\text{期首総資産}＋\text{期末総資産})÷2}（回）$$

原則 ▷ 高い方が望ましい。

　総収益（売上高＋営業外収益＋特別利益）はすべての企業活動による収益であり，それを企業が利用している資産総額，つまり期中の平均の総資産で割ることにより，総収益が資産総額（投資総額）を期中に何回回収したか，つまり，何回使用したか，別の表現をすると，総収益の中で企業の投資総額が期中に何回転したかを表す[①]。そのため**回転率**とよばれる。これにより，企業のすべての資産の利用効率を判断する。高い回転率の企業がより効率的な経営をしているとみる。

　＜資料＞の計算

$$\frac{1,600,586＋10,186＋1,287}{(1,271,668＋1,271,181)÷2} ＝ 1.3 \text{回}$$

　計算上総資産を年約1.3回使用したことを示す。例えば，設備の大きい企業はこの回転率が低くなるなど，業種によって独自の指標となるので，同種の企業と比較することが必要である。

【課　題】

〈計算式〉　　　　　　　　　　　　　　　　　　　　　＝　　　　回

◆キ．営業資産回転率（売上高対営業資産）

　損益計算書の売上高を貸借対照表上の営業資産（期中平均）で割った指標で，次の計算式で求められる。

$$\text{売上高対営業資産} = \frac{\text{売上高}}{(\text{期首営業資産}＋\text{期末営業資産})÷2}（回）$$

原則 ▷ 高い方が望ましい。

　売上高は企業にとって主となるもっとも重要な収益源であるから，これを得るために使用した営業資産総額つまり期中の平均の営業資産（営業投資額）で割ることにより，営業資産額が売上高に対して何回転したかを表す。これにより，企業の主たる営業活動における営業資産の利用の効率性（営業活動の効率性）を判断する。

　＜資料＞の計算

$$\frac{1,600,586}{(1,094,886＋1,089,416)÷2} ＝ 1.5 \text{回}$$

① 例えば，千人収容の劇場があり，毎回，顧客で満員になるとすれば，1日1回（転）の興業より，1日2回（転）の興業をすれば，劇場（総資産）の利用効率が2倍良い。つまり，劇場への投資額に対し，収入が2倍になる。例えば，劇場の投資額（建設費）が5千万円だとして，年間で5千万円の劇場収入を得れば，1回転つまり，収入が劇場の投資額を1回回収したことになる。10千万円であれば，投資収入（劇場活動）が劇場投資を2回回収した（2回転させた）ことになる。

企業の主たる活動である営業活動の効率性をみることは重要である。

【課　題】
〈計算式〉　　　　　　　　　　　　　　　　　　　　　＝　　　　　　回

◆ク．固定資産回転率（総収益対固定資産）

　総収益を貸借対照表の固定資産（期中平均）で割った指標で，次の計算式で求められる。

$$総収益対固定資産 = \frac{総収益①}{（期首固定資産＋期末固定資産）÷2}（回）$$

原則 ＞ 高い方が望ましい。

　当期の活動によって得たすべての収益を反映している総収益を，企業が長期的な視野で投資し保有している固定資産で割ることにより，固定資産が総収益に対して何回転したかを表す。これにより，固定資産利用の効率性をみる。

　　＜資料＞の計算

$$\frac{1,600,586 + 10,186 + 1,287}{（650,388 + 657,407）÷2} = 2.5 回$$

　この比率が高ければ高いほど固定資産利用の効率性が高い。固定資産は企業の長期の姿（構造）を決めるから，企業の長期の収益構造の特徴さらに業種の特徴② が判断できる。したがって，同種企業との比較が重要である。

【課　題】
〈計算式〉　　　　　　　　　　　　　　　　　　　　　＝　　　　　　回

## ② 損益計算書を利用する方法

### (1) 株主の立場

◆ケ．配当性向

　株主資本等変動計算書に示されている配当金の支払額③ を損益計算書の当期純利益で割った指標で，次の計算式で求められる。

$$配当性向④⑤ = \frac{配当金}{当期純利益} \times 100（\%）$$

⟹ 高い低いだけでは判断できない。

① 総収益に変わって便宜上，売上高を使う場合もある。この場合には，「投資その他の資産」は営業活動にかかわらないと考えられるので，排除されるべきである。しかし，中には，資本関係などを維持すること（投資有価証券）により販売増進が図られることもあるので，この区分は難しい。

② 業種の特徴をより明らかにするためには，営業固定資産回転率：
$$\frac{売上高}{\binom{期首営業}{固定資産}+\binom{期末営業}{固定資産}÷2}$$
を計算する。

③ 株主資本等変動計算書の利益剰余金合計の部の「剰余金の配当」を見る。なお，その他資本剰余金からの配当は資本からの配当（資本の減少）であるから，この金額にはならない。
　ただし，実務上は，この配当も配当金の支払額とされることもある。

④ この比率とROEを組み合わせることにより，株主にとっての直接的な収益性を判断することができる。すなわち，
$$\frac{当期純利益}{株主資本} \times \frac{配当金}{当期純利益}$$
$$= \frac{配当金}{株主資本}（\times100）$$となり，株主資本の株主にとっての投資効率を示す。

⑤ 配当性向の計算法には，ここで説明した③の株主資本等変動計算書から計算する方法と，投資家向けの情報の1株当たり配当金と1株当たり当期純利益の値を使用して計算する方法がある。投資家向けの情報は普通株式の情報なので，優先株を発行している企業の場合，④の数値と一致しない。また，④のような分解もできない。

①ここでの配当金は親会社株主への配当金であるから，当期純利益より親会社株主に帰属する当期純利益の方が論理的といえる。しかし，ここでは，17ページで掲げた理由により，当期純利益を使用している。

②EPS（earning per share）と略称されることが多い。

③「1株当たり当期純利益に関する会計基準」は普通株式の1株当たり当期純利益を示すことを求めている。この情報は，投資家向けの有価証券報告書（【企業の概況】【主要な経営指標等の推移】）に掲載されている。

　普通株式に係る当期純利益は，損益計算書上の当期純利益から優先株配当等，普通株主に帰属しない金額を控除する。また，1株当たり当期純利益の計算式の分母である発行済株式総数について，「新株予約権」がある場合，期中に行使される可能性があるものについては，期首にすべて行使されたものと仮定して発行済株式総数に加える必要がある。一方，「自己株式」の取得があった場合には，期間按分で差し引かれる。実務では，便宜上，期末発行済株式総数を用いることもある。さらに，期中に株式併合や株式分割が行われた場合，期首に行われたと仮定して計算するのが実務のやり方である。

④ここでも，親会社の株式総数であるから，論理的には，当期純利益は親会社株主に帰属する当期純利益にすべきである（17ページ参照）。

配当金をその基礎となる当期純利益[①]で割ることで，企業が当期純利益のうちどの程度を配当金にあてたかを表し，企業の配当の仕方，**配当政策**を判断する。

＜資料＞の計算

$$\frac{15,048}{32,242} \times 100 = 46.7\%$$

配当は，株主への利益の還元であるから，配当性向が高い方が株主（とくに現在株主）にとって好ましい。しかし，利益は（積立金や繰越利益剰余金として）社内に留保され，将来，この留保資金の運用により利益があがることが考えられるから，この視点では，配当性向が低い方が株を保有し続けていこうとする株主にとって望ましいということもできる。

【課　題】
〈計算式〉　　　　　　　　　　　　　　　　　　＝　　　　　％

◆コ．1株当たり当期純利益[②③]

損益計算書の当期純利益[④]を期中平均発行済株式総数[④]で割った指標で，次の計算式で求められる。

$$1株当たり当期純利益 = \frac{当期純利益}{(期首発行済株式総数＋期末発行済株式総数) \div 2}（円）$$

原則 ▷ 高い方が望ましい。

当期に企業が稼得した普通株式の当期純利益を発行済普通株総数で割ることで，株式1株当たりでの利益を表す。分母は，期首と期末の平均株式数を用いる。この数値が投資の収益性を判断する材料となり，これにより，現在の株主は株式を保有するか売却するか，将来株主は株式を購入するかどうかの判断をする。

＜資料＞の計算

$$\frac{32,242 百万円}{(855.9 百万株＋728.3 百万株) \div 2} = 40.7 円$$

この収益性は株式市場全体（全産業）の収益性数値と比較し判断する。

【課　題】
〈計算式〉　　　　　　　　　　　　　　　　　　＝　　　　　円

## (2) 企業の立場

### ◆サ. 総収益当期純利益率

損益計算書に計上されたすべての収益に対する当期純利益の割合によって企業の全体的な利益率をみる指標であり，次の計算式で求められる。

$$総収益当期純利益率 = \frac{当期純利益}{総収益} \times 100（\%）$$

原則 ▷ 高い方が望ましい。

当期純利益は，すべての収益からすべての費用を差し引いて算出されるから，当期純利益[①]をもとに企業の収益性をみるには，売上高に営業外収益と特別利益を加えた総収益に占める割合としてみるのが理論的である。

＜資料＞の計算

$$\frac{32,242}{1,600,586 + 10,186 + 1,287} \times 100 = 2.0\%$$

この比率は，高いほどよいが，主に期間比較や同業他社との比較によってよしあしが判断される。

【課　題】
〈計算式〉　　　　　　　　　　　　　　　　　＝　　　　　　　％

### ◆シ. 売上高売上総利益率[②]

売上高に占める売上総利益[③]の割合を示す指標で，次の計算式で求められる。

$$売上高売上総利益率 = \frac{売上総利益}{売上高} \times 100（\%）$$

原則 ▷ 高い方が望ましい。

この比率を，1個当たりの商品・製品に置き換えると，売価に対する利益の割合になるから，本業のもうけのようすがわかる。つまり，本業の収益性をみる代表的指標である。

＜資料＞の計算

$$\frac{448,771}{1,600,586} \times 100 = 28.0\%$$

もうけは，扱う商品・製品の種類によって違うから，同じ商品・製品を扱う他社と比較することが必要である。

①当期純利益から税金が引かれるので，税の影響を受けなくするため，「税金等調整前当期純利益（税引前当期純利益）」を使用することもある。

②この利益率は，利幅の大きい商品や製品を扱っているかどうかを示す。
③これを粗利といい，売上高売上総利益率は実務上，粗利率と言われることが多い。

期間比較において，この比率が上がっている場合には，広告宣伝や売れる場所への出店などにより販売価格いわば「客単価（客1人当たりの売価[①]）」を上げたことが推定できる。

（左欄）①客単価には，販売価格で見る場合と下の③のように原価で見る場合がある。

【課　題】

〈計算式〉　　　　　　　　　　　　　　　　　　　　＝　　　　％

◆ス．売上高売上原価率

売上高に占める売上原価の比率をみる指標で，次の計算式で求められる。

$$売上高売上原価率 = \frac{売上原価}{売上高} \times 100（％）$$

原則 ▷ 低い方が望ましい。

この比率を1個当たり製品・商品の次元で考えれば，売価に占める製造原価・仕入原価の割合がわかる。売上高は売上原価と売上総利益によって構成されるから，売上高売上原価率＋売上高売上総利益率＝100％[②]となり，売上高売上総利益率と表裏一体の関係にある[③]。つまり，売上高売上原価率が下がれば，売上高売上総利益率は上がる。

＜資料＞の計算

$$\frac{1,151,815}{1,600,586} \times 100 = 72.0\%$$

この比率が下がれば，収益性の上昇を意味し，卸・小売業での原因としては，仕入価格の下落（安く商品を仕入れること）が直接的な要因となり，製造業の場合には，材料価格や人件費の下落のほか，生産性の上昇（原価引下げの努力）も原因となる。

②売上原価＋売上総利益＝売上高
③売上高売上総利益率はむしろ売上高つまり販売努力の方に注目し，売上高売上原価率は原価（いわば「客単価（客1人当たりの原価）」）の低減の方に注目しているといえる。

【課　題】

〈計算式〉　　　　　　　　　　　　　　　　　　　　＝　　　　％

◆セ．売上高営業利益率

営業利益を売上高で割った指標で，次の計算式で求められる。

$$売上高営業利益率 = \frac{営業利益}{売上高} \times 100（％）$$

原則 ▷ 高い方が望ましい。

営業利益は，売上高から売上原価と販売費及び一般管理費を引いたも

のである。<sup>①</sup>この比率により，企業の主たる活動つまり販売活動でどのくらいもうけたか，つまり営業活動のよさが判断できる。売上高売上総利益率が高いのに対して，この比率が大幅に低下した場合には，テレビコマーシャルなど広告宣伝に費用をかけすぎているか，販売員の人件費が高いことなどを示している。この比率は企業業績を示す代表的な指標である。

　　＜資料＞の計算

$$\frac{44,066}{1,600,586} \times 100 = 2.8\%$$

この企業の売上高売上総利益率が高いにもかかわらず，この比率が大幅に低下している場合は，販売費や本社の費用などの一般管理費が高いことがわかる。

┌─【課　題】────────────────────────┐
〈計算式〉　　　　　　　　　　　　　　　　＝　　　　　　％
└───────────────────────────────┘

◆ソ．売上高販売費及び一般管理費率

　売上高に占める販売費及び一般管理費の比率をみる指標で，次の計算式で求められる。

> **売上高販売費及び一般管理費率 ＝ $\dfrac{販売費及び一般管理費}{売上高}$ ×100（％）**

　　　　　　　　　　　　　原則 ▷ 低い方が望ましい。

　販売費及び一般管理費には，販売活動の費用のほかに，販売活動に直接的なかかわりの少ない本社などの管理部門の費用が計上される。

　売上高販売費及び一般管理費率によって，販売や管理の能率を測定できる。この比率は低いほどよい。

　　＜資料＞の計算

$$\frac{404,705}{1,600,586} \times 100 = 25.3\%$$

この比率が高い場合には，販売費及び一般管理費の中の各項目を確認<sup>②</sup>して，期間の比較をするとともに，その要因を分析する必要がある。

┌─【課　題】────────────────────────┐
〈計算式〉　　　　　　　　　　　　　　　　＝　　　　　　％
└───────────────────────────────┘

◆タ．経常収益経常利益率

経常収益（売上高＋営業外収益）に占める経常利益の比率をみる指標で，次の計算式で求められる。

$$経常収益経常利益率 = \frac{経常利益}{経常収益} \times 100（％）$$

原則 ▷ 高い方が望ましい。

セ．で扱った売上高営業利益率は，企業活動本来の収益性を判断する指標であるが，経常収益経常利益率は，企業が行う投資活動や財務活動も含めた当期の企業の業務活動全般のよしあしを判断する指標である。

＜資料＞の計算

$$\frac{50,064}{1,600,586 + 10,186} \times 100 = 3.1\%$$

この比率が下がった場合には，営業外収益及び営業外費用の各項目の確認と期間比較による分析が必要となる。[1]

【課　題】

〈計算式〉　　　　　　　　　　　　　　　　　　　＝　　　　　％

[1] 他人資本コストつまり支払利息が，営業外費用となるので，売上高営業利益率と比べて下がるのが一般的である。

なお，実務では，販売活動に注目し，経常収益の代わりに売上高を使用し，**売上高経常利益率**とされることもある。総収益当期純利益率と比べると，税金が引かれるので，この比率はこの分，高いのが通常である。さらに，税金（法人税等）も営業上の必要費用と考え，次の比率が求められることも多い。

$$\frac{経常利益－法人税，住民税及び事業税}{売上高}$$

本章では，安全性の分析について学ぶ。安全性については，短期的見地と長期的見地で判断しなければならない。

最初は，貸借対照表を利用する方法を学び，次に，損益計算書，キャッシュ・フロー計算書を利用する方法へと進む。

分析の各方法に，「チ．からミ．」までの符号をつけたが，これは，第 4 部の「財務諸表分析の実際」に相応する。安全性は，どの立場（企業や株主など）でも等しく重要なので，収益性のときのような「企業の立場」「株主の立場」という小見出しはない。第 2 章の＜資料＞による実際の数値を計算しているが，これについて小数点第 2 位を四捨五入している。

## 1 貸借対照表を利用する方法

### (1) 短期の安全性（流動性）

◆チ．流動比率（銀行家比率）

貸借対照表の流動資産を流動負債で割った指標で，次の計算式で求められる。

$$流動比率 = \frac{流動資産}{流動負債} \times 100（\%）$$

原則 ▷ 200% 以上が望ましい。

1 年以内に返済義務が生じる流動負債の支払いに対して，同じ期間以内に現金化し支払手段として使用できる資産がどれだけあるかをみることにより，短期的な支払能力をチェックすることを目的とする指標である。[2]

＜資料＞の計算

$$\frac{613,773}{438,932} \times 100 = 139.8\%$$

この数値は高いほど支払能力が高いと判断される。アメリカでは，「銀行家比率」ともいわれ，200% を超えることが望ましいとされる。なぜ，200% が目安となるかについては，分子の流動資産には商品など棚卸資産が含まれており，すぐに負債の支払いに利用できない実践上の理由があげられる。また，会計上は棚卸資産の取得原価が先入先出法や移動平均法など企業固有の棚卸資産価額の計算法で決められているので，

①この比率は負債が分母になるので，高い方が望ましい。

②この比率が低いと，たとえ，利益が出ていても，"黒字倒産" の恐れがある。

数値上余裕をもたせるべきであることも理由としてあげられる。しかし，業種や取引形態（例えば，売上債権や仕入債務の回収期間の業界の特殊性など）によっても異なる。わが国では，120％前後が一般的な数値となっている。

┌─【課　題】────────────────────────┐
│ 〈計算式〉　　　　　　　　　　　　　　　　＝　　　　　％ │
└────────────────────────────────┘

◆ツ．当座比率（酸性試験比率）

　貸借対照表の当座資産つまり，すぐに支払手段となる資産（資料では，現金及び預金，受取手形及び売掛金－貸倒引当金，有価証券）を流動負債で割った指標で，次の計算式で求められる。

$$当座比率 = \frac{当座資産}{流動負債} \times 100（\%）$$

原則 ▷ 100％以上が望ましい。

　流動資産のなかには，商品や原材料，仕掛品など棚卸資産というすぐには現金化できない資産が多く含まれている。そこで，流動比率より厳しく支払能力をチェックするために，流動負債を支払手段として使用できる当座資産と比べるのが当座比率であり，**酸性試験比率**[①]ともいわれる。

　＜資料＞の計算

$$\frac{119,000^{[②]}}{438,932} \times 100 = 27.1\%$$

　原則的には，数値が高い方がよく，少なくとも100％以上が望ましいとされる。この目安により，即座の支払能力が十分あると判断される[③]。

┌─【課　題】────────────────────────┐
│ 〈計算式〉　　　　　　　　　　　　　　　　＝　　　　　％ │
└────────────────────────────────┘

◆テ．売上債権対仕入債務比率

　貸借対照表の売上債権（受取手形＋売掛金－前受金[④]－貸倒引当金[⑤]）を仕入債務（支払手形＋買掛金－前渡金[④]）[⑥]で割った指標で，次の計算式で求められる。

$$売上債権対仕入債務比率 = \frac{売上債権（期末）}{仕入債務（期末）} \times 100（\%）$$

原則 ▷ 高い方が望ましい。[⑦]

① 酸かアルカリかを試薬により測定するように，"厳密に"測定するという意味である。

② 当座資産119,000＝現金及び預金47,236＋受取手形4,832＋売掛金68,821－貸倒引当金1,889

③ 当座比率が高すぎる場合は，必要以上に資金を有しており，資金を有効に活用していない，いわゆる"金余り"の状態にあるといえる。また，流動比率と比較し，当座比率が大幅に低下した場合は，棚卸資産が多い場合が多く，不良在庫のチェックも必要となる。

④ 通常，前受金と前渡金については，財務諸表からはわからないので実践上は考慮しない。

⑤ 貸倒引当金を控除しない方法もある。

⑥ 電子記録債権・債務も含まれる。

⑦ 一般的に，こう言えるだけであり，商売の仕方により，こう言えないこともある。例えば，卸売業では，仕入債務の方が大きいことが多い。

これは，会社の営業上の資金繰りの面から，仕入債務の支払能力をみる指標である。いわば，営業取引の安全性をみるものである。

＜資料＞の計算

$$\frac{21{,}421^{①}}{90{,}632}\times100 = 23.6\%$$

どの程度が適正ということはその企業のおかれた取引慣行により異なり[②]，一概にはいえないが，統計データでは100%〜120%が平均的な目安である。この比率が100%を大きく下回るようだと，仕入債務を支払うための資金繰りつまり営業上の資金繰りに注意する必要がある。

【課　題】

〈計算式〉 ＿＿＿＿＿＿＿＿＿＿＿＿＿＿ ＝ ＿＿＿ ％

## (2) 長期の安全性

### ◆ト．総資産負債比率[③④⑤]

貸借対照表の負債を総資産で割った指標で，次の計算式で求められる。

$$総資産負債比率 = \frac{負債}{総資産}\times100（\%）$$

原則▷低い方が望ましい。

企業の構造的つまりは長期的な安全性をみるためには，将来，返済しなければならない負債がどれだけあるかをみる必要がある。負債は最終的に資産によって返済されるから，総資産のうちどれだけ負債が占めているかを知ることによって，負債の返済，つまり，銀行や仕入先などの債権者への保証が安全であるかどうかも判断される。

＜資料＞の計算

$$\frac{659{,}405}{1{,}271{,}181}\times100 = 51.9\%$$

【課　題】

〈計算式〉 ＿＿＿＿＿＿＿＿＿＿＿＿＿＿ ＝ ＿＿＿ ％

総資産のなかで，負債が多いことは，将来，資産が出ていくから，企業経営にとっても危険である。これを貸方側のみでみると，返済を要求する負債と返済を要求しない純資産の関係になる。これを示したのが，次の比率である。

①売上債権 21,421 ＝ 受取手形 4,832 ＋ 売掛金 68,821 － 貸倒引当金 1,889 － 契約負債 50,343

②例えば，元請企業から原材料を供給されている下請企業の場合には，仕入債務が大きいことが多い。
　本例のヤマダ電機の場合には，現金売りが主なので，この比率は低くなる。

③この比率は，一般に資産が分母になるので，低い方が望ましい。
　なお，総資産に対し負債の方が大きいとき（この比率が100%を超えるとき），**債務超過**という。

④わが国では，この比率が高い。理由として，企業と銀行との関係が親密であり，銀行が貸付（借入金の借り換えも含む）に応じてくれることが多いためである。

⑤実務では，次のように，**自己資本比率**つまり，分子が純資産（または自己資本）とされる場合もある。
$$\frac{純資産}{総資産}\times100$$
この場合には，高い方が望ましい。
　「自己資本」の定義は，33ページ側注②をみること。

①この比率は負債に対して自己資本（株主資本＋その他の包括利益累計額）が何倍あるかという**負債資本倍率**
$\left(\dfrac{自己資本}{負債}\ (倍)\right)$
とされることもある。また、実務上、**負債比率**$\left(\dfrac{負債}{株主資本}×100\right)$と表現され、負債の中味が検討されることが多い。経営に直接、打撃を与えるのは、利子の支払いを求める有利子負債であるから（後述、総収益支払利息比率、売上高支払利息比率も参照）、「有利子負債」と「株主資本（自己資本とされることもある）」とを対応させる比率として展開される。この場合、比率でなく、倍率（有利子負債／株主資本：(倍)）で示すのが一般慣行で、これをデット・エクイティレシオ（略称、**DE レシオ**）という。この指標が1倍だとバランスが取れているとされる。

②純資産つまり株主持分と負債つまり債権者持分、すなわち株主の負担と債権者の負担が同等であり、バランスが取れているとされるが、実際に負債の担保となるのは、資産そのものであり、このバランスは見た目上のものである。
　なお、負債には、役員賞与引当金など利子を支払う必要のない負債、会計上の負債も存在する。これらを排除し、有利子負債により計算するのが、①のDE レシオである。

③固定負債のなかには、退職給付に係る負債が多い。そこで、企業と直接かかわる債権者、つまり社債の保有者や長期資金の提供者は、自己の投資の安全をみたいと思う。この場合には、固定負債を社債と長期借入金のみとし、純資産と比較する。これにより、社債・長期借入金依存度（率）をみる。これも低いほど望ましいことはいうまでもない。

## ◆ナ．純資産負債比率[①]

貸借対照表の負債を純資産で割った指標で、次の計算式で求められる。

$$純資産負債比率 = \frac{負債}{純資産} \times 100\,(\%)$$

原則 ▷低い方が望ましい。

将来返済しなければならない負債と返済をする必要のない純資産とのバランスによって長期的に安全かどうかを判断する。

＜資料＞の計算

$$\frac{659,405}{611,775} \times 100 = 107.8\%$$

この比率が1：1（100%）であれば、バランスがとれており、長期的に安全であるとみられることが多い。この比率が100%を超えると、それだけ将来、資産の流出をもたらす要素が多く、安全性に問題がある状態であることを示す。[②]

【課　題】

〈計算式〉　　　　　　　　　　　　　　　　　　　＝　　　　%

## ◆ニ．純資産固定負債比率[③]

貸借対照表の固定負債を純資産で割った指標で、次の計算式で求められる。

$$純資産固定負債比率 = \frac{固定負債}{純資産} \times 100\,(\%)$$

原則 ▷低い方が望ましい。

通常、企業は資金の調達先を、つねに支払いの手当を考えなければならない短期流動負債を避け、安定的な固定負債の方に求める。しかし、固定負債も結局は返済しなければならない。そこで、返済を考える必要のない絶対的に安全な純資産と比較することにより、長期の安全性をみる。

＜資料＞の計算

$$\frac{220,472}{611,775} \times 100 = 36.0\%$$

【課　題】

〈計算式〉　　　　　　　　　　　　　　　　　　　＝　　　　%

## ◆ヌ．固定長期適合率

　貸借対照表の固定資産を株主資本と固定負債の合計[1]で割った指標で，次の計算式で求められる。

$$固定長期適合率 = \frac{固定資産}{(株主資本＋固定負債)} \times 100（\%）$$

原則 ➤ 100％以下が望ましい。

　企業が長期に活動を行うには，設備などの固定的な基盤である固定資産が必要となる。この固定資産を調達するための資金を安全な源泉である株主資本と固定負債でどのくらいまかなっているかをみることで，長期的に安全かどうか判断する。

　＜資料＞の計算

$$\frac{657,407}{605,535+220,472} \times 100 = 79.6\%$$

　固定資産の調達に必要な資金が返済期限のない株主資本と長期の借入れである固定負債でまかなえない場合，つまり，適合率が100％（1：1の対応）を超える場合は，資金が短期の借入れである流動負債によって調達されたことを意味し，1年以内に負債を返済しなければならないので，危険な状態であるとされる。つまり，流動負債の返済のために，固定資産を売却しなければならなくなり，これは企業の本来の活動に支障をきたす。

┌─【課　題】──────────────────────────
│
│　〈計算式〉　　　　　　　　　　　　　　　　　　＝　　　　　　％
│
└──────────────────────────────────

## ② 貸借対照表と損益計算書を利用する方法

### (1) 短期の安全性

### ◆ネ．売上債権回転率（売上高対売上債権）

　損益計算書の売上高を貸借対照表の売上債権（売掛金と受取手形の合計－貸倒引当金：44ページも参照）で割った指標で，次の計算式で求められる。

①固定資産の中には，「投資その他の資産」もある。この場合には，株主資本にその他の包括利益累計額を加えた方が論理的である。

　一方，分母を株主資本としたとき，分子は，「有形固定資産」・「無形固定資産」とした方がよい。これにより営業活動を支える投資とくに設備投資が，安全な資本（株主資本と固定負債）により調達されているかどうかがみられる。

　ただし，本検定試験では，株主の資本である「株主資本」を用いることにしている。

　なお，分母を，（純資産＋固定負債）としたときには，流動比率の対応比率（反対の比率）となる。つまり，この比率は短期の安全性に対し，反対側の長期的視点から安全性をみる指標になる。

②電子記録債権も含まれる。

$$\text{売上債権回転率} = \frac{\text{売上高}}{(\text{期首売上債権} + \text{期末売上債権}) \div 2} (\text{回})$$

原則 ▷ 高い方が望ましい。

　期中の営業活動によって得られた収益である売上高を，売上債権で割ることにより，売上債権が売上高に対して何回転しているのかを表す。これにより，売上債権の回収がスムーズに行われ，資金がうまく回転しているかを判断する。

　＜資料＞の計算

$$\frac{1,600,586}{(13,248 + 21,421) \div 2} = 92.3 \text{回}$$

　売上債権が回収されないと，資金的余裕がなくなり，企業の円滑な活動に支障をきたす。売上債権の回収に努力し，この回転率を高くすることが望ましい。

---
【課　題】

〈計算式〉　　　　　　　　　　　　　　　　　　　　＝　　　　回

---

　なお，売上債権は，回転率より回収期間（何日で回収されるか）の方が重要である。この場合，次の計算式で示される。

$$\text{平均回転期間}^{①} = \frac{\text{売上債権平均有高}}{\text{一日平均売上高}} (\text{日})$$

　売上債権平均有高は期首・期末の平均により計算する。一日平均売上高は売上高を年間営業日（便宜上は，365日）で割って求める。

◆ノ．棚卸資産回転率[②]（売上高対棚卸資産）

　損益計算書の売上高を棚卸資産（商品及び製品，仕掛品，原材料及び貯蔵品）で割った指標で，次の計算式で求められる。

$$\text{棚卸資産回転率} = \frac{\text{売上高}^{③}}{(\text{期首棚卸資産} + \text{期末棚卸資産}) \div 2} (\text{回})$$

原則 ▷ 高い方が望ましい。

　売上高を，将来，売上高を生み出す棚卸資産で割ることにより，棚卸資産が売上高に対して何回転しているのかを表す。これにより，商品など棚卸資産の利用効率（つまり営業能率の効率化にともなう資金利用の効率性）を判断する。

①＜資料＞により計算すると，
$$\frac{(13,248 + 21,421) \div 2}{1,600,586 \div 365}$$
＝4.0日となる。

②回転率は，安全性のみならず効率性つまり「収益性」の視点でも使用される。とくに棚卸資産の場合，そうである。すなわち，棚卸資産の回転率が高いことはそれだけ販売努力をし，効率をあげていること，つまり「収益性が高い」ことを意味する。一方で，それだけ「棚卸資産に拘束されている資金が少なくて済み」，安全性に寄与している。このテキストは資金の拘束の面から取り上げている。

③売上原価を用いる場合もあるが，本会計実務検定試験では，売上高を用いることとしている。

＜資料＞の計算

$$\frac{1,600,586}{(361,074+346,161^{①})÷2} = 4.5 回$$

回転率が高ければ，棚卸資産に資金が滞留している時間が短いことを示している。$^{②}$

【課　題】

〈計算式〉 ＝ 回

棚卸資産についても平均回転期間が用いられる。

$$平均回転期間^{③} = \frac{棚卸資産平均有高}{一日平均売上高^{④}}（日）$$

◆ハ．仕入債務回転率（売上原価対仕入債務）

損益計算書の売上原価を貸借対照表の仕入債務$^{⑤}$（買掛金と支払手形の合計：44 ページを参照）で割った指標で，次の計算式で求められる。$^{⑥}$

$$仕入債務回転率 = \frac{売上原価}{(期首仕入債務＋期末仕入債務)÷2}（回）$$

原則 ▷ 高い方が望ましい。

期中の売上高に対応する売上原価をその仕入業務のときに発生した債務で割ることにより，仕入債務が売上原価に対して何回転しているのかを表す。これにより，仕入業務などにおける信用取引への依存の程度を判断する。

＜資料＞の計算

$$\frac{1,151,815}{(94,564+90,632)÷2} = 12.4 回$$

【課　題】

〈計算式〉 ＝ 回

仕入債務についても平均回転期間が用いられる。

$$平均回転期間 = \frac{仕入債務平均有高}{一日平均売上原価}（日）$$

① 棚卸資産 346,161＝商品及び製品 338,382＋仕掛品 1,418＋原材料及び貯蔵品 6,361

② 資金滞留時間が短いことは，資産の利用効率がよいことを意味し，それだけ収益性が高いことも表す。

③ 〈資料〉により計算すると，
$$\frac{(361,074+346,161)÷2}{1,600,586÷365}$$
＝80.6 日となる。

④ 一日平均売上高では，営業日を使用すべきであるが，便宜上，1 年を使用している。この日数は少なければ少ないほど商品などが早く売れ，効率的に経営されていることを示し，同時に，そのため，拘束される資金も少ないつまり資金的に安全であることも示している。

⑤ 電子記録債務も含まれる。

⑥ なお，仕入債務平均有高は期首・期末の平均により計算する。一日平均売上原価は売上原価を年間営業日（便宜上は 365 日）で割って求める。〈資料〉により計算すると，
$$\frac{(94,564+90,632)÷2}{1,151,815÷365}$$
＝29.3 日　となる。

# 3 損益計算書を利用する方法

①この比率は，長期負債が大きいとき，支払利息はこの長期負債によるものと考えられるから，長期の安全性を示すものと考えられ，一方，短期負債が大きいときは，短期の安全性を示す指標と考えられる。つまり，長期的視点か短期的視点かは支払利息の出所による。

## ◆ヒ．総収益支払利息比率[①]

支払利息を総収益で割った指標で，次の計算式で求められる。

$$総収益支払利息比率 = \frac{支払利息}{総収益} \times 100（\%）$$

原則 ⟩ 低い方が望ましい。

総収益に対して，負債に対する支払利息が占める割合を表す。これにより，企業の収益獲得活動の負債への依存度が判断できる。

＜資料＞の計算

$$\frac{1,472}{1,600,586 + 10,186 + 1,287} \times 100 = 0.09\% \quad *今回は小数第3位を四捨五入$$

【課　題】

〈計算式〉　　　　　　　　　　　　　　　　　　　　　　　　＝　　　　　％

## ◆フ．売上高支払利息比率

支払利息を売上高で割った指標で，次の計算式で求められる。

$$売上高支払利息比率 = \frac{支払利息}{売上高} \times 100（\%）$$

原則 ⟩ 低い方が望ましい。

②42ページ側注①も参照。

分母を売上高にすることにより，とくに販売活動の負債への依存度を判断する[②]。つまり，販売努力がどれだけ利息によって喰われているかを示す。

＜資料の計算＞

$$\frac{1,472}{1,600,586} \times 100 = 0.09\% \quad *今回は小数第3位を四捨五入$$

この比率が高いことは，営業努力の結果，売上高営業利益率が高くなったとしても，利子が高いため，その努力が無にされること，つまり，営業利益が企業から出ていくことを意味する。

【課　題】

〈計算式〉 ＝ ％

# ⑤ キャッシュ・フロー計算書を利用する方法

◆ヘ．フリー・キャッシュ・フロー[①]

　キャッシュ・フロー計算書の「営業活動によるキャッシュ・フロー」と「投資活動によるキャッシュ・フロー」を合計したもので，次の計算式で求められる。

フリー・キャッシュ・フロー ＝ 営業活動によるキャッシュ・フロー＋投資活動によるキャッシュ・フロー

原則 ▷ プラスである方が望ましい。

　営業活動によるキャッシュ・フローと投資活動によるキャッシュ・フローとを合計することにより，借入金の返済など，つまり財務活動によるキャッシュ・フローに向けることができる資金的余裕を表す。借入金の返済は利息の軽減になり，経常利益の減少を防ぐ，つまり，企業業績の改善につながる。

　＜資料＞の計算

$$43,740+(\triangle 25,209) = 18,531\ 百万円$$

　この金額は，必ずしも多ければ多いほどいいというものではない。資金的余裕があることではなくて，投資機会がないために，この金額が増加したとも考えられるからである。なお，この場合には，負債の返済を図ることが得策となる。

【課　題】

〈計算式〉 ＝ 円

①この数値は絶対額であるが，負債と対応させることにより，負債に対して，当期にどれだけ安全になったか，当期に負債の返済能力が高まったかどうかが示される。

$$\frac{フリー・キャッシュ・フロー}{負債}\times 100$$

原則 ▷ 高い方が望ましい。

　なお，この比率は実務上，次の式によることが多い。

$$\frac{フリー・キャッシュ・フロー}{有利子負債}\times 100$$

　これは，負債といっても，企業の安全性に直接ダメージを与えるのは，利息の支払いが必要な有利子負債であるので，これに対応できる資金負担能力をみようとするものである。46ページ側注①も参照。

## ◆ホ．売上高営業キャッシュ・フロー比率

キャッシュ・フロー計算書の営業活動によるキャッシュ・フローを損益計算書の売上高で割った指標で，次の計算式で求められる。

$$売上高営業キャッシュ・フロー比率 = \frac{営業活動によるキャッシュ・フロー}{売上高} \times 100(\%)$$

原則 〉 高い方が望ましい。

経常的な事業資金は，借入れなどでなく，企業の主たる収益である売上高から得ることが望ましい。この比率により，売上がどのくらい資金的貢献を経常的な事業活動にしたかが示される。

＜資料＞の計算

$$\frac{43,740}{1,600,586} \times 100 = 2.7\%$$

この比率が高ければ，売上高から経常的な事業資金を多く得ていることを意味し，好ましい。

【課　題】
〈計算式〉　　　　　　　　　　　　　　　　　　　　　　＝　　　　　％

## ◆マ．当期純利益キャッシュ・フロー比率

企業のキャッシュ・フロー（現金及び現金同等物の増減額）を損益計算書の当期純利益で割った指標で，次の計算式で求められる。

$$当期純利益キャッシュ・フロー比率 = \frac{キャッシュ・フロー}{当期純利益} \times 100(\%)$$

原則 〉 高い方が望ましい。

当期純利益とキャッシュ・フローとの比率を表す。当期純利益は，その金額だけキャッシュが増えたことを意味するとは限らないため，当期純利益がどの程度資金的裏付けがあるかを示すことが求められる。

＜資料＞の計算

$$\frac{\triangle 10,111}{32,242} \times 100 = \triangle 31.4\%$$

①100％つまり，1：1であれば，形式（理念）上，当期純利益に完全に当期に資金的裏付けがあるといえる。

通常，当期純利益の資金的裏付け[①]をみることにより，とくに配当金が支払可能かどうかの判断を行う。つまり，いくら利益が計上できても，

それにともなう資金がなけれが配当できない。

いま，この比率が低いかマイナスの場合，配当を行う際，仮に利益の全額を配当しようとすると，資金の手当てを考えなければならない[①]。このとき，配当性向（→ケ.）もあわせて確認するとよい。

①期末の支払資金つまり現金及び預金の有高および流動負債の有高との関係もみなければならない。

【課 題】

〈計算式〉 　　　　　　　　　　　　　　　　＝ 　　　 ％

## 6 貸借対照表とキャッシュ・フロー計算書を利用する方法

◆ミ．流動負債営業キャッシュ・フロー比率

キャッシュ・フロー計算書の営業活動によるキャッシュ・フローを貸借対照表の流動負債で割った指標で，次の計算式で求められる。

$$流動負債営業キャッシュ・フロー比率 = \frac{営業活動によるキャッシュ・フロー}{流動負債[②]} \times 100 (\%)$$

原則 > 高い方が望ましい。

流動負債の返済に対して，営業活動によるキャッシュ・フローがどれだけ貢献できるかを表す。通常，流動負債の多くは営業資産の購入資金となっているので，営業活動を支えるためには，それらが営業活動によるキャッシュ・フローで返済されることが望ましい。これを確認するために，この指標が利用される。

②資料として当期末の貸借対照表しか載せていないので（12ページ参照），この数値を使用しているが，正しくは，前期末（当期首）と当期末の平均値（営業活動によるキャッシュ・フローと同じく期間の数値）を使用しなければならない。つまり，
$$\frac{期首流動負債+期末流動負債}{2}$$

＜資料＞の計算

$$\frac{43,740}{438,932[②]} \times 100 = 10.0\%$$

この比率が低い場合，流動負債の返済に，営業活動によるキャッシュ・フローだけではなく，財務活動や投資活動によるキャッシュ・フローで調達した資金もあてなければならない可能性が高いことを示している[③]。

③例えば，銀行が短期借入金の借り替えに応じるよう説得することについて配慮しなければならない。

【課 題】

〈計算式〉 　　　　　　　　　　　　　　　　＝ 　　　 ％

## 第 6 章 企業価値の分析

　本章では，企業価値を分析する方法を取り上げるが，ここでは，財務諸表だけではなく，株価情報を利用するので，新聞の経済欄に目を通すことも必要である。

### 東証プライム　12月22日（金曜日）

| 銘柄 | 始値 | 高値 | 安値 | 終値 | 前日比 | 売買高 |
|---|---|---|---|---|---|---|
| **水産・農林** | | | | | | |
| ・極　洋 | 3720 | 3750 | 3710 | 3725 | △15 | 132 |
| à ニッスイ | 755.6 | 769.6 | 754.1 | 762.8 | △9.7 | 14320 |
| à マルハニチロ | 2727.0 | 2750.0 | 2719.0 | 2740.0 | △28.0 | 1052 |
| 雪国まいたけ | 928 | 933 | 918 | 919 | ▲13 | 778 |
| ・サカタタネ | 3870 | 3875 | 3840 | 3860 | △ 5 | 896 |
| ・ホクト | 1719 | 1732 | 1719 | 1731 | △13 | 581 |
| **鉱　業** | | | | | | |
| ・日 鉄 鉱 | 5180 | 5230 | 5180 | 5230 | △80 | 252 |
| ・三井松島HD | 2674 | 2696 | 2662 | 2683 | △ 9 | 1363 |
| à INPEX | 1926.0 | 1941.0 | 1921.5 | 1928.5 | △5.0 | 41223 |
| ・石油資源 | 5190 | 5230 | 5180 | 5220 | △50 | 1891 |
| ・日 本 紙 | 1288 | 1308 | 1274 | 1274 | △24 | 7323 |
| ・三 菱 紙 | 504 | 516 | 503 | 516 | △13 | 2571 |
| ・北越コーポ | 1619 | 1690 | 1619 | 1690 | △72 | 5040 |
| ・中 越 パ | 1695 | 1750 | 1695 | 1740 | △52 | 360 |
| à 大 王 紙 | 1127.0 | 1147.0 | 1126.5 | 1136.5 | △14.0 | 2377 |
| à レンゴー | 926.4 | 932.3 | 924.0 | 929.7 | △6.7 | 5481 |
| ・トーモク | 2104 | 2134 | 2104 | 2132 | △28 | 150 |
| ・ザ・パック | 3175 | 3200 | 3160 | 3170 | △ 5 | 1834 |
| **化　学** | | | | | | |
| ・北の達人 | 202 | 206 | 201 | 203 | △ 1 | 4204 |
| à ク ラ レ | 1433.5 | 1452.0 | 1430.5 | 1439.0 | △6.0 | 13014 |
| à 旭 化 成 | 1042.0 | 1044.0 | 1033.5 | 1040.0 | △1.5 | 36725 |
| à レゾナック | 2869.5 | 2897.5 | 2832.0 | 2838.5 | ▲6.5 | 9962 |
| à 住 友 化 | 332.0 | 336.8 | 332.0 | 336.0 | △4.3 | 130443 |
| ・住友精化 | 4820 | 4870 | 4820 | 4870 | △85 | 322 |
| à 日 産 化 | 5456 | 5527 | 5454 | 5498 | △84 | 7258 |
| ・ラ サ エ | 2104 | 2143 | 2102 | 2139 | △22 | 433 |

【売買単位】無印とa100株　B1株　C10株　K1,000株
a は1,000円以下で10銭，1,000円超3,000円以下で50銭刻み
・貸借銘柄
（注）白抜き数字は年初来の最高値または最安値。ただし権利落ち日の週内は原則新値とせず，その後は権利落ち後の新高値・安値となる

　分析の各方法に，「ム．からヤ．」までの符号をつけたが，これは，第4部の「財務諸表分析の実際」に相応する。本章は，主として投資家の立場での分析が行われている。第2章の**＜資料＞**による実際の数値を計算しているが，これについて小数点第2位を四捨五入している。

### ◆ム．1株当たり純資産①

　1株当たり純資産は，純資産を発行済株式総数で割った指標で，BPS（ビー・ビー・エス book value per share）とも表現され，次の計算式で求められる。

---

既に述べ（17ページ），かつ，その都度指摘しているように，連結損益計算書上の「当期純利益」は，連結集団全体の利益であり，同じように，連結貸借対照表上の「純資産」は，非支配株主持分が算入されているように，連結集団全体の純資産である。したがって，親会社株主に立って企業価値をみるためには，「親会社株主に帰属する当期純利益」および「株主資本」すなわち『非支配株主持分控除後純資産』を使用するのが理論的である（注）。しかしながら，本テキストないし指標では，他の指標との用語の統一性ならびに，財務諸表上の大項目を使用し，項目内部の分析は（会計学の領域に入り込むので）行わないという立場に立ち，財務諸表上の当期純利益および純資産をそのまま加工せず使用している。

（注）一方，純資産を使用した場合には，当期純利益ではなく包括利益を使用するのが，論理的・形式的には正しい。

①連結貸借対照表では，純資産から新株予約権及び非支配株主持分を差し引いた数値（自己資本つまり親会社株主の立場での純資産）をベースに計算するケースもあり，親会社の立場からはこの方が正しい。

$$1株当たり純資産 = \frac{純資産}{発行済株式総数}（円）$$

原則 ▷ 大きい方が望ましい。

　純資産は，借入金など株主以外の外部の持分，すなわち負債を引いた金額（残余財産の金額）であり，企業の会計上の純価値を示す。この金額を期末発行済株式総数で割ることにより，1株当たりの企業の会計上の価値が計算される。これは，企業の残余財産に対する請求権をもつ株主にとっても，投資の価値を評価する一つの指標として有用になる。

　1株当たり純資産の計算式の分母である発行済株式総数は，わが国の会計基準では普通株式の期末発行済株式総数から自己株式数を控除する。

　<資料>の計算

$$\frac{611,775百万円}{728.3百万株} = 840.0円$$

　よい企業かどうかの判断には，同業他社や他の指標との比較が必要となるが，1株当たり純資産が増加傾向にある場合，企業の収益性と安全性も向上していると推理される。

【課　題】

〈計算式〉　　　　　　　　　　　　　　　　　＝　　　　　円

◆ メ．株価純資産倍率

　株価純資産倍率は，株価を1株当たり純資産で割った値であり，PBR（price book value ratio）とも表現され，次の計算式で求められる。
（ビー・ビー・アール）

$$株価純資産倍率 = \frac{株価}{1株当たり純資産}（倍）$$

原則 ▷ 高い方が市場の評価が高い。

　この指標は純資産に比べて株価が相対的に高いか安いかを測る物差しであり，通常何倍と表現する。一般に指標が高いほど‘割高’，低いほど‘割安’と見られる。

　なお，ここでは株価純資産倍率の計算式の分子である株価は，26ページの資料により，456円を用いる。

　<資料>の計算

$$\frac{456円}{840.0円} = 0.5倍$$

①計算上，資産から負債を控除した値なので，「計算上の解散価値」と表現されることもある。

②会計上の企業の純価値が企業の価値を反映していると考えると，1株当たり純資産は株価と一致することになる。この場合の株価は投機などを考えない理念的株価である。

③形式的に考えると，1株当たり純資産と株価は一致する。つまり，この倍率は1となる。しかし，純資産は会計上の判断により計算された数値であり，一方，株価は将来の経済予想などの投機的要素によって決まる。したがって，この数値は一致しないのが通常である。この指標は，会計学の評価と市場の評価（考え方によっては経済学の評価）との接点になる。

④株価（分子）が普通株式の株価なので，1株当たり純資産（分母）も普通株1株当たり純資産になる。この情報は，投資家向けの有価証券報告書に掲載されている。

⑤割安だから，「買い時」とはならない。つまり，分子の株価が低いことは市場の評価が低い（企業の将来の発展性が低い）とみているとも言えるからである。市場の評価が妥当かどうかの判断の規準の一つとして財務諸表分析があると言える。

株価純資産倍率は，企業が将来にわたって生み出す価値が大きいと予想されるほど高くなる。株価純資産倍率が1倍を割り込んでいる場合，（株価が正しいと仮定すれば）企業価値が純資産の簿価を将来的に割り込む可能性があると市場が評価していることになる。なお，2023年3月31日の東京証券取引所プライム市場上場企業の単純平均PBRは1.2倍である。

┌─【課　題】─────────────────────────────┐
│ 〈計算式〉                              ＝    倍 │
│                                         │
└──────────────────────────────────┘

### ◆モ．株価収益率

株価収益率は，株価を1株当たり当期純利益[①②]で割った値であり，PER（price earnings ratio）とも表現され，次の計算式で求められる。

$$株価収益率 = \frac{株価}{1株当たり当期純利益}（倍）$$

原則 ▷ 高い方が市場の評価が高い。

この指標は企業の利益水準に比べて株価が相対的に割高か割安かを測る物差しであり，通常何倍と表現する。この比率は今の株価が1株当たり当期純利益の何年分に相当するかを示す[③]。したがって，一般に（計算上）指標が高いほど‘割高’，低いほど‘割安’とみられる。

なお，ここでは株価収益率の計算式の分子である株価は，26ページの資料により，456円を用い，分母の1株当たり当期純利益については，38ページ（コ．）の計算結果を用いる。

<資料>の計算　　$\dfrac{456 円}{40.7 円} = 11.2 倍$

株価収益率の水準は業種，市場，市況等により変化するため，同業他社やマーケットとの相対比較により判断する必要がある。2023年3月31日の東京証券取引所プライム市場上場企業の単純平均PERは14.8倍である。

┌─【課　題】─────────────────────────────┐
│ 〈計算式〉                              ＝    倍 │
│                                         │
└──────────────────────────────────┘

### ◆ヤ．配当利回り

1株当たり配当金を株価で割った値で[④]，投資家が株を購入するかどう

①株価純資産倍率（前ページの③）でみたように，「純資産＝株価（時価総額）」と考えると，株価（＝純資産）の増加率としては，包括利益を使用するのが理論的であると考えられる。しかし，ここでは，損益計算書を分析の対象としているので，当期純利益を使用する。なお，分子と分母を入れかえ，株価（外部評価）を株主資本とすれば，株主資本当期純利益率となる。つまりROEの市場版ともいえる。

②株価（分子）が普通株式の株価なので，1株当たり純利益（分母）も普通株1株当たり純利益になる。なお，利益（収益から費用を引いた概念）という言葉を使わないのは，株のもたらす収入総額だからである。

③株価が50円であり，1株当たり当期純利益が10円であるとすると，PER5倍は株価が5年分の利益を反映したものであることを意味している。

④株価（分母）が普通株式のものなので，1株当たり配当金（分子）も普通株1株当たりになる。

かを決めるときに用いられる。

$$\frac{1 \text{株当たり配当金①}}{\text{株 価}} \times 100 \text{（％）}$$

原則 ▷ 市場の金利より高くなければならない。

＜資料＞の計算

$$\frac{15{,}048\,\text{百万円} \div \{(855.9\,\text{百万株} + 728.3\,\text{百万株}) \div 2\}}{456\,\text{円}} \times 100 = 4.2\%$$

投資家は保有している資金を有利なものに投資しようとする。配当利回りが例えば定期預金の利子率よりも高ければ，定期預金にするより株を購入した方がよい。ただし，定期預金は元本も利子も確定しているのに対し，株価は上下するので，この危険を考慮しなければならない。②

【課 題】

〈計算式〉　　　　　　　　　　　　　　　　　　　＝　　　　　　％

① 1株当たり配当金は，配当金総額を期中平均（普通株）発行済株式総数で割ることにより求められる。

なお，この数値は有価証券報告書に記載されているので，実際の分析にあたってはこれを使うことができる。この数値も普通株式のものである。

② この危険の評価のために，前の収益性と安全性の分析がある。

# 【課題】（第4章・第5章・第6章）の解答

⇨ 巻末財務指標のまとめ参照

ア．総資産当期純利益率：$\dfrac{86{,}523}{(1{,}431{,}309 + 1{,}501{,}074) \div 2} \times 100 = 5.9\%$

イ．株主資本当期純利益率：$\dfrac{86{,}523}{(485{,}610 + 532{,}944) \div 2} \times 100 = 17.0\%$

ウ．総資産経常利益率：$\dfrac{102{,}972}{(1{,}431{,}309 + 1{,}501{,}074) \div 2} \times 100 = 7.0\%$

エ．使用資産経常利益率：$\dfrac{102{,}972}{(1{,}410{,}847 + 1{,}482{,}559) \div 2} \times 100 = 7.1\%$

　　※期末使用資産 1,482,559 ＝期末総資産 1,501,074 −建設仮勘定 18,515

オ．営業資産営業利益率：$\dfrac{93{,}427}{(1{,}175{,}248 + 1{,}240{,}610) \div 2} \times 100 = 7.7\%$

　　※期末営業資産 1,240,610 ＝期末総資産 1,501,074 −建設仮勘定 18,515 −投資その他の資産 241,949

カ．総収益対総資産：$\dfrac{1{,}519{,}559}{(1{,}431{,}309 + 1{,}501{,}074) \div 2} = 1.0\,\text{回}$

　　※総収益 1,519,559 ＝売上高 1,482,909 ＋営業外収益 20,797 ＋特別利益 15,853

キ．売上高対営業資産：$\dfrac{1{,}482{,}909}{(1{,}175{,}248 + 1{,}240{,}610) \div 2} = 1.2\,\text{回}$

ク．総収益対固定資産：$\dfrac{1{,}519{,}559}{(699{,}983 + 714{,}397) \div 2} = 2.1\,\text{回}$

ケ．配当性向：$\dfrac{18{,}878}{86{,}523} \times 100 = 21.8\%$

コ．1株当たり当期純利益：$\dfrac{86{,}523\,\text{百万円}}{(198.7\,\text{百万株} + 195.1\,\text{百万株}) \div 2} = 439.4\,\text{円}$

サ．総収益当期純利益率：$\dfrac{86{,}523}{1{,}519{,}559} \times 100 = 5.7\%$

（注）イ，ケ，コ，モについては，親会社株主に帰属する当期純利益を使用するのが正しいが，ここでは，当期純利益を使用する。

シ．売上高売上総利益率：$\dfrac{316,332}{1,482,909} \times 100 = 21.3\%$

ス．売上高売上原価率：$\dfrac{1,166,577}{1,482,909} \times 100 = 78.7\%$

セ．売上高営業利益率：$\dfrac{93,427}{1,482,909} \times 100 = 6.3\%$

ソ．売上高販売費及び一般管理費率：$\dfrac{222,905}{1,482,909} \times 100 = 15.0\%$

タ．経常収益経常利益率：$\dfrac{102,972}{1,503,706} \times 100 = 6.8\%$

　　　※経常収益 1,503,706 ＝売上高 1,482,909 ＋営業外収益 20,797

チ．流動比率：$\dfrac{786,677}{458,758} \times 100 = 171.5\%$

ツ．当座比率：$\dfrac{420,929}{458,758} \times 100 = 91.8\%$

　　　※当座資産 420,929 ＝現金及び預金 111,056 ＋受取手形及び売掛金 310,591 －貸倒引当金 718

テ．売上債権対仕入債務比率：$\dfrac{309,873}{163,908} \times 100 = 189.1\%$

　　　※売上債権 309,873 ＝受取手形及び売掛金 310,591 －貸倒引当金 718

ト．総資産負債比率：$\dfrac{869,335}{1,501,074} \times 100 = 57.9\%$

ナ．純資産負債比率：$\dfrac{869,335}{631,739} \times 100 = 137.6\%$

ニ．純資産固定負債比率：$\dfrac{410,577}{631,739} \times 100 = 65.0\%$

ヌ．固定長期適合率：$\dfrac{714,397}{532,944 + 410,577} \times 100 = 75.7\%$

ネ．売上債権回転率：$\dfrac{1,482,909}{(306,226 + 309,873) \div 2} = 4.8$ 回

ノ．棚卸資産回転率：$\dfrac{1,482,909}{(274,342 + 301,890) \div 2} = 5.1$ 回

ハ．仕入債務回転率：$\dfrac{1,166,577}{(162,179 + 163,908) \div 2} = 7.2$ 回

ヒ．総収益支払利息比率：$\dfrac{5,534}{1,519,559} \times 100 = 0.4\%$

フ．売上高支払利息比率：$\dfrac{5,534}{1,482,909} \times 100 = 0.4\%$

ヘ．フリー・キャッシュ・フロー：$109,492 + (\triangle 64,255) = 45,237$ 百万円

ホ．売上高営業キャッシュ・フロー比率：$\dfrac{109,492}{1,482,909} \times 100 = 7.4\%$

マ．当期純利益キャッシュ・フロー比率：$\dfrac{31,011}{86,523} \times 100 = 35.8\%$

ミ．流動負債営業キャッシュ・フロー比率：$\dfrac{109,492}{458,758} \times 100 = 23.9\%$

ム．1株当たり純資産：$\dfrac{631,739 \text{百万円}}{195.1 \text{百万株}} = 3,238.0$ 円

メ．株価純資産倍率：$\dfrac{2,671 \text{円}}{3,238.0 \text{円}} = 0.8$ 倍

モ．株価収益率：$\dfrac{2,671 \text{円}}{439.4 \text{円}} = 6.1$ 倍

ヤ．配当利回り：$\dfrac{18,878 \text{百万円} \div \{(198.7 \text{百万株} + 195.1 \text{百万株}) \div 2\}}{2,671 \text{円}} \times 100 = 3.6\%$

# 第4部 財務諸表分析の実際

　第4部では，第2部，第3部での説明に基づいて，財務諸表分析を実践する。第7章では，総資産の大きさがほぼ同じ（つまり規模がほぼ同じ）企業同士の「比較分析」，第8章では，第7章で扱った企業のうち，1社を取り上げて「趨勢分析（期間分析）」を行う。

## 第7章 企業間比較の実践

### 1 財務諸表の提示

　分析に先立ち，資料として，㈱ニトリホールディングス（以下，ニトリ）および㈱良品計画（以下，良品計画）の2期分の貸借対照表，損益計算書およびキャッシュ・フロー計算書[①]を提示する。両社は，商業として身近であるが，主力商品が異なる[②]。このうち，本章ではニトリについては20X5年2月21日から20X6年2月20日の，良品計画については20X5年3月1日から20X6年2月29日の会計年度の比較分析を行う。

　実際の財務諸表項目はこれよりも詳しくなっているが，ここでは重要な項目だけを示し，それ以外は「その他」としている。なお，**ア．～ヤ.**の記号は，第2部第4章，第5章，第3部第6章の分析方法の記号と対応している。以下，とくにことわらない限り，単位は百万円とする。比率計算においては，小数点第2位を四捨五入する。

①「㈱ニトリホールディングス」・「㈱良品計画」はそれぞれ，家具・生活雑貨などを販売する「ニトリ」・「無印良品」を運営している企業集団である。このように，株式市場に上場している企業の名称と，われわれが実際に馴れ親しんでいる企業の名称が異なる場合がある。この他の例としては，「すき家」を運営している「㈱ゼンショーホールディングス」，「ユニクロ」を運営している「㈱ファーストリテイリング」などがある。

②決算日が異なる場合，分析には注意が必要である。

　なお，日本の上場企業の会計期間は，4月1日から翌年3月31日である場合が多い。

| 企業評価上の注意点 |
| --- |
| 　財務諸表分析において，同業のA社とB社の比較分析を行い，すべての指標がA社の方がよかったとしても，「A社の方が良い会社である。」と即断はできない。なぜならば，そもそもA社とB社の経営環境に違いがあるかもしれないからである。<br>　例えば，関東では，東武鉄道と京王電鉄，関西では，南海電鉄と阪急電鉄を比較したときにいえる。関東でいうと，営業路線が長く沿線の人口密度の低い地域を走っている東武鉄道と，路線が短く人口密度の高い地域を営業基盤としている京王電鉄とを，この違いを考慮せずに，財務諸表分析の指標のみで，京王電鉄の方が良いというのは早計である。なぜなら，路線が長い方が沿線の開発等のチャンスがあり，将来性があるとみることもできるからである。ただし，この経営環境の違いが財務諸表の指標に現れることだけは事実である。 |

㈱ニトリホールディングス

## 連結貸借対照表

（単位：百万円）

| | 20X5年<br>2月20日 | 20X6年<br>2月20日 | | 20X5年<br>2月20日 | 20X6年<br>2月20日 |
| --- | ---: | ---: | --- | ---: | ---: |
| 資産の部 | | | 負債の部 | | |
| 　流動資産 | | | 　流動負債 | | |
| 　　現金及び預金 | 102,345 | 159,190 | 　　支払手形及び買掛金 | 20,956 | 19,774 |
| 　　受取手形及び売掛金 | 24,818 | 27,880 | 　　短期借入金 | 2,639 | 2,787 |
| 　　商品及び製品※ | 59,184 | 61,203 | 　　未払金 | 23,752 | 22,923 |
| 　　仕掛品※ | 153 | 182 | 　　その他 | 47,669 | 51,579 |
| 　　原材料及び貯蔵品※ | 3,570 | 4,127 | 　　流動負債合計 | 95,016 | 97,063 |
| 　　その他 | 20,969 | 11,010 | 　固定負債 | | |
| 　　貸倒引当金 | 0 | △4 | 　　長期借入金 | 6,028 | 4,000 |
| 　　流動資産合計 | 211,042 | 263,589 | 　　その他 | 18,050 | 21,322 |
| 　固定資産 | | | 　　固定負債合計 | 24,078 | 25,322 |
| 　　有形固定資産 | | | 　　負債合計 | 119,094 | 122,385 |
| 　　　建物及び構築物（純額） | 115,868 | 111,548 | 純資産の部 | | |
| 　　　機械装置及び運搬具（純額） | 3,689 | 3,713 | 　株主資本 | | |
| 　　　工具，器具及び備品（純額） | 8,042 | 9,071 | 　　資本金 | 13,370 | 13,370 |
| 　　　土地 | 171,342 | 173,010 | 　　資本剰余金 | 19,841 | 25,074 |
| 　　　建設仮勘定 | 955 | 3,489 | 　　利益剰余金 | 472,755 | 532,471 |
| 　　　その他（純額） | 2,145 | 6,556 | 　　自己株式 | △7,727 | △10,875 |
| 　　　有形固定資産合計 | 302,041 | 307,387 | 　　株主資本合計 | 498,240 | 560,042 |
| 　　無形固定資産 | 18,857 | 24,599 | 　その他の包括利益累計額 | 1,481 | 529 |
| 　　投資その他の資産 | 87,344 | 87,670 | 　新株予約権 | 470 | 289 |
| 　　固定資産合計 | 408,244 | 419,657 | 　純資産合計 | 500,192 | 560,861 |
| 資産合計 | 619,286 | 683,247 | 負債純資産合計 | 619,286 | 683,247 |

※以前は「棚卸資産」と表記されていたが，「商品及び製品」「仕掛品」「原材料及び貯蔵品」等と細分化して表示することになった。したがって，計算の際はこれらの項目を合計して「棚卸資産」とすること。
（注）　実際の財務諸表は端数処理を行っているため，各項目の数値とその合計額は必ずしも一致しない。

㈱ニトリホールディングス

## 連結損益計算書

（単位：百万円）

| | 自 20X4 年 2 月 21 日<br>至 20X5 年 2 月 20 日 | 自 20X5 年 2 月 21 日<br>至 20X6 年 2 月 20 日 |
|---|---|---|
| 売上高 | 608,131 | 642,273 |
| 売上原価 | 276,709 | 287,909 |
| 売上総利益 | 331,421 | 354,364 |
| 販売費及び一般管理費 | 230,642 | 246,886 |
| 営業利益 | 100,779 | 107,478 |
| 営業外収益 | 2,561 | 2,476 |
| 営業外費用 | | |
| 　支払利息 | 101 | 283 |
| 　その他 | 185 | 149 |
| 営業外費用合計 | 286 | 432 |
| 経常利益 | 103,053 | 109,522 |
| 特別利益 | 102 | 626 |
| 特別損失 | 2,665 | 5,078 |
| 税金等調整前当期純利益 | 100,490 | 105,069 |
| 法人税, 住民税及び事業税 | 33,813 | 34,979 |
| 法人税等調整額 | △1,504 | △1,304 |
| 法人税等合計 | 32,309 | 33,674 |
| 当期純利益※ | 68,180 | 71,395 |
| 親会社株主に帰属する当期純利益※ | 68,180 | 71,395 |

※子会社が 100% 子会社であるため, 当期純利益と親会社株主に帰属する当期純利益は等しい。

（注）　実際の財務諸表は端数処理を行っているため, 各項目の数値とその合計額は必ずしも一致しない。

㈱ニトリホールディングス

## 連結キャッシュ・フロー計算書

(単位:百万円)

| | 自 20X4年2月21日<br>至 20X5年2月20日 | 自 20X5年2月21日<br>至 20X6年2月20日 |
|---|---|---|
| 営業活動によるキャッシュ・フロー | | |
| 税金等調整前当期純利益 | 100,490 | 105,069 |
| 減価償却費 | 14,218 | 16,561 |
| 減損損失 | 653 | 4,090 |
| 受取利息及び受取配当金 | △519 | △559 |
| 支払利息 | 101 | 283 |
| 売上債権の増減額(△は増加) | △2,365 | △3,664 |
| たな卸資産の増減額(△は増加) | △10,014 | △2,687 |
| 仕入債務の増減額(△は減少) | 1,061 | 219 |
| その他 | 8,218 | 3,325 |
| 小計 | 111,843 | 122,637 |
| 利息及び配当金の受取額 | 569 | 1,214 |
| 利息の支払額 | △98 | △280 |
| 法人税等の支払額 | △41,125 | △34,112 |
| その他 | 10,475 | 9,878 |
| 営業活動によるキャッシュ・フロー | 81,664 | 99,337 |
| 投資活動によるキャッシュ・フロー | △30,424 | △44,486 |
| 財務活動によるキャッシュ・フロー | △11,340 | △13,862 |
| 現金及び現金同等物に係る換算差額 | △768 | △250 |
| 現金及び現金同等物の増減額 | 39,130 | 40,737 |
| 現金及び現金同等物の期首残高 | 60,923 | 100,053 |
| 現金及び現金同等物の期末残高 | 100,053 | 140,791 |

(注) 実際の財務諸表は端数処理を行っているため,各項目の数値とその合計額は必ずしも一致しない。

## 【追加資料】

| | 20X4年度 | 20X5年度 |
|---|---|---|
| 配当金(百万円) | 10,533 | 11,679 |
| 発行済株式総数(自己株式除く)(百万株) | 114.4 | 114.4 |
| 株価(円) | 14,050 | 16,560 |

㈱良品計画

## 連結貸借対照表

(単位：百万円)

| | 20X5年<br>2月28日 | 20X6年<br>2月29日 | | 20X5年<br>2月28日 | 20X6年<br>2月29日 |
|---|---|---|---|---|---|
| 資産の部 | | | 負債の部 | | |
| 流動資産 | | | 流動負債 | | |
| 　現金及び預金 | 55,444 | 38,814 | 　買掛金 | 20,724 | 28,133 |
| 　受取手形及び売掛金 | 8,920 | 10,010 | 　未払金 | 8,770 | 9,250 |
| 　商品 | 88,004 | 105,148 | 　その他 | 24,080 | 25,665 |
| 　仕掛品 | 202 | 217 | 　流動負債合計 | 53,574 | 63,048 |
| 　貯蔵品 | 59 | 49 | 固定負債 | | |
| 　未収入金 | 10,663 | 11,598 | 　長期借入金 | 557 | 873 |
| 　その他 | 4,231 | 5,440 | 　リース債務 | 60 | 25,266 |
| 　貸倒引当金 | △3 | 0 | 　その他 | 8,929 | 8,832 |
| 　流動資産合計 | 167,522 | 171,279 | 　固定負債合計 | 9,546 | 34,971 |
| 固定資産 | | | 負債合計 | 63,120 | 98,019 |
| 有形固定資産 | | | 純資産の部 | | |
| 　建物及び構造物(純額) | 30,421 | 35,090 | 株主資本 | | |
| 　機械装置及び運搬具(純額) | 2,214 | 2,209 | 　資本金 | 6,766 | 6,766 |
| 　工具，器具及び備品(純額) | 8,961 | 11,072 | 　資本剰余金 | 10,826 | 10,875 |
| 　土地 | 1,907 | 1,866 | 　利益剰余金 | 186,364 | 199,590 |
| 　建設仮勘定 | 2,592 | 896 | 　自己株式 | △14,780 | △13,984 |
| 　その他(純額) | 72 | 31,330 | 　株主資本合計 | 189,177 | 203,246 |
| 　有形固定資産合計 | 46,167 | 82,463 | その他の包括利益累計額 | 1,492 | 794 |
| 無形固定資産 | 16,479 | 24,330 | 新株予約権 | 390 | 754 |
| 投資その他の資産 | 28,140 | 28,439 | 非支配株主持分 | 4,128 | 3,696 |
| 固定資産合計 | 90,787 | 135,233 | 純資産合計 | 195,189 | 208,492 |
| 資産合計 | 258,309 | 306,512 | 負債純資産合計 | 258,309 | 306,512 |

(注)　実際の財務諸表は端数処理を行っているため，各項目の数値とその合計額は必ずしも一致しない。

㈱良品計画

## 連結損益計算書

(単位：百万円)

| | 自 20X4年3月1日<br>至 20X5年2月28日 | 自 20X5年3月1日<br>至 20X6年2月29日 |
|---|---|---|
| 売上高 | 408,848 | 437,775 |
| 売上原価 | 198,317 | 221,084 |
| 売上総利益 | 210,531 | 216,691 |
| 営業収入 | 849 | 937 |
| 営業総利益 | 211,380 | 217,628 |
| 販売費及び一般管理費 | 166,636 | 181,248 |
| 営業利益 | 44,743 | 36,380 |
| 営業外収益 | 1,957 | 1,214 |
| 営業外費用 | | |
| 　支払利息 | 27 | 892 |
| 　その他 | 813 | 326 |
| 営業外費用合計 | 840 | 1,218 |
| 経常利益 | 45,861 | 36,377 |
| 特別利益 | 8,635 | 19 |
| 特別損失 | 612 | 1,792 |
| 税金等調整前当期純利益 | 53,883 | 34,603 |
| 法人税，住民税及び事業税 | 17,049 | 12,717 |
| 過年度法人税等 | 3,131 | － |
| 法人税等調整額 | △429 | △807 |
| 法人税等合計 | 19,751 | 11,910 |
| 当期純利益 | 34,131 | 22,693 |
| 非支配株主に帰属する当期純利益 | 286 | △559 |
| 親会社株主に帰属する当期純利益 | 33,845 | 23,253 |

(注)　実際の財務諸表は端数処理を行っているため，各項目の数値とその合計額は
　　　　必ずしも一致しない。

㈱良品計画

## 連結キャッシュ・フロー計算書

(単位：百万円)

| | 自 20X4年3月1日<br>至 20X5年2月28日 | 自 20X5年3月1日<br>至 20X6年2月29日 |
|---|---:|---:|
| 営業活動によるキャッシュ・フロー | | |
| 　税金等調整前当期純利益 | 53,883 | 34,603 |
| 　減価償却費 | 7,889 | 15,328 |
| 　ソフトウエア投資等償却 | 2,384 | 2,716 |
| 　受取利息及び受取配当金 | △784 | △680 |
| 　支払利息 | 27 | 892 |
| 　売上債権の増減額（△は増加） | △590 | △3,156 |
| 　たな卸資産の増減額（△は増加） | △16,509 | △18,023 |
| 　仕入債務の増減額（△は減少） | 1,816 | 7,792 |
| 　その他 | △7,124 | 6,243 |
| 　小計 | 40,992 | 45,715 |
| 　利息及び配当金の受取額 | 756 | 624 |
| 　利息の支払額 | △18 | △894 |
| 　法人税等の支払額 | △18,049 | △20,992 |
| 　営業活動によるキャッシュ・フロー | 23,680 | 24,452 |
| 投資活動によるキャッシュ・フロー | △5,492 | △31,435 |
| 財務活動によるキャッシュ・フロー | △9,505 | △11,467 |
| 現金及び現金同等物に係る換算差額 | △2,255 | △1,280 |
| 現金及び現金同等物の増減額 | 6,427 | △19,731 |
| 現金及び現金同等物の期首残高 | 47,329 | 53,756 |
| 現金及び現金同等物の期末残高 | 53,756 | 34,025 |

(注)　実際の財務諸表は端数処理を行っているため，各項目の数値とその合計額は必ずしも
　　　一致しない。

## 【追加資料】

| | 20X4年度 | 20X5年度 |
|---|---:|---:|
| 配当金（百万円） | 9,856 | 9,964 |
| 発行済株式総数(自己株式除く)(百万株) | 26.4 | 26.4 |
| 株価（円） | 26,420 | 14,780 |

(注)　良品計画は20X5年度に普通株式1株につき10株の割合をもって分
　　　割しており，実際の発行済株式総数は263.6百万株，株価は1,478円
　　　だが，計算の整合性を保つため，分割前の数値に修正した上で表示し
　　　ている。

## ② 収益性の分析

### ◆ア. 総資産当期純利益率

ニトリ：
$$\frac{71,395（当期純利益）}{(619,286（期首総資産）+683,247（期末総資産））÷2}×100 = 11.0\%$$

良品計画：$\dfrac{22,693}{(258,309+306,512)÷2}×100 = 8.0\%$

　総資産当期純利益率は，ニトリの方が高い。これは，ニトリの方が有効に資産を使用して利益を獲得していることを表している。

　総資産当期純利益率は，株主，銀行など様々な利害関係者から重視されるが，経営者にとっても重要な比率となる。なぜなら，企業資産を効率的に運用することが彼らの最も重要な仕事だからである。[①]

　総資産当期純利益率のなかの当期純利益の計算では，銀行などからの借入れによる利子が控除されている一方，株主への配当金（株主資本利子－株主資本等変動計算書に表示－）は引かれていない。そこで，借入れによる利子も総資産の運用成果であると考え，支払利息を当期純利益へ加算する（配当金（株主資本利子）と同じ扱いにする）[②] 次の方法が，経営者の効率をみるのにふさわしいといわれるので，示しておく。

### ◆ア－1（発展）. 総資産利払前当期純利益率[③]

ニトリ：
$$\frac{71,395（当期純利益）+283（支払利息）}{(619,286（期首総資産）+683,247（期末総資産））÷2}×100 = 11.0\%$$

良品計画：$\dfrac{22,693+892}{(258,309+306,512)÷2}×100 = 8.4\%$

　ニトリの方が高い。これは，ニトリの方が株主のみならず銀行などの債権者にとっても有効な経営をしているといえる。

### ◆イ. 株主資本当期純利益率

ニトリ：
$$\frac{71,395（当期純利益）}{(498,240（期首株主資本）+560,042（期末株主資本））÷2}×100 = 13.5\%$$

良品計画：$\dfrac{22,693}{(189,177+203,246)÷2}×100 = 11.6\%$

①日本経済新聞社が提供するデータベース，「日経バリューサーチ」によると，2020年度の小売業における中分類「専門店・ドラッグストア」の平均ROAは6.0％である。

　なお，対象は日本の証券取引所に上場している企業である。

②当期純利益に他人資本利子（銀行利息や社債利息など）を加え戻したこの利益を事業利益（注）と呼ぶこともある。

　また，一般に，分子の当期純利益を経常利益に入れ替えた利益（経常利益＋支払利息）を事業利益と呼ぶこともある。これは特別損益が事業活動に入るかという事業概念の違いによる。

（注）当期純利益（株主の利益）から株主資本利子である配当金を控除した利益を企業自体の利益という意味で企業利益というときもある。

③この比率は長期市場金利より高いことが期待される。ちなみに，日本の10年国債利回り（2021年10月末付，財務省国債金利情報より）は，0.101％となっている。

株主資本当期純利益率も，ニトリの方が高い。これは，ニトリの方が株主から預かった資本を有効に運用していることを示している。[1]

◆ウ．総資産経常利益率

ニトリ：

$$\frac{109,522(経常利益)}{(619,286(期首総資産)+683,247(期末総資産))\div 2}\times 100 = 16.8\%$$

良品計画：$\dfrac{36,377}{(258,309+306,512)\div 2}\times 100 = 12.9\%$

当期純利益には，特別損益という当期の業績に直接関係のない項目が入っているので，当期の企業の業績をみるためには，経常利益を分子とした方が合理的である。この比率も，総資産当期純利益率（**ア．**）・株主資本当期純利益率（**イ．**）と同様に，ニトリの方が高い。

◆ウ−1（発展）．総資産利払前経常利益率

**ア−1.** で述べたように，経常利益のなかには，借入利子が入っているので，これも企業経営により生み出されたものと考えると，次の式がよい。

ニトリ：

$$\frac{109,522(経常利益)+283(支払利息)}{(619,286(期首総資産)+683,247(期末総資産))\div 2}\times 100 = 16.9\%$$

良品計画：$\dfrac{36,377+892}{(258,309+306,512)\div 2}\times 100 = 13.2\%$

ここでは，両社とも支払利息の金額が相対的に小さく，総資産経常利益率（**ウ．**）の数値とほとんど差が出ていない。したがって，負債の調達にかかるコストを考慮しても，これまでの分析結果に影響はない。

企業の当期の業績に関する分析のためには，使用していない資産を排除し，実際に使用している資産（総資産マイナス建設仮勘定：使用資産）を比較することが考えられる。

◆エ．使用資産経常利益率

ニトリ：

$$\frac{109,522(経常利益)}{(618,331(期首使用資産)+679,758(期末使用資産[2]))\div 2}\times 100 = 16.9\%$$

良品計画：$\dfrac{36,377}{(255,717+305,616[3])\div 2}\times 100 = 13.0\%$

この比率も，ニトリの方が高い。☞

◆オ．営業資産営業利益率

この比率の計算で問題となるのが，営業資産の範囲である。[4]「営業の

[1]「日経バリューサーチ」によると，2020年度の小売業における中分類「専門店・ドラッグストア」の平均ROEは5.7％である。

[2]期末使用資産 679,758
＝ 期末総資産 683,247
－建設仮勘定 3,489
[3]期末使用資産 305,616
＝ 期末総資産 306,512
－建設仮勘定 896
[4]有価証券報告書に掲載されている貸倒引当金には多くの場合，営業資産以外の貸倒れの見積額も含まれている。したがって，売上債権にかかる貸倒引当金を正確に把握できないことが多く，この数値を単純に営業資産から控除する点には問題がある。

☞　商人の眼

建設仮勘定を前期と比較すると，ニトリは増加しているのに対し，良品計画は減少している。このことからニトリの方が出店など積極的投資をしていると推理される。

用に供することを目的とする財産」と考えるとここでは，便宜上，営業に供していない資産である，「建設仮勘定」と「投資その他の資産」を総資産から除いて計算している。①

ニトリ：

$$\frac{107,478（営業利益）}{(530,987（期首営業資産）+592,088（期末営業資産②))\div 2}\times 100 = 19.1\%$$

良品計画：$\frac{36,380}{(227,577+277,177③)\div 2}\times 100 = 14.4\%$

　営業活動の収益性も，予想通りニトリが良品計画を上回っている。☞

## ◆カ．総収益対総資産（総資産回転率）

ニトリ：

$$\frac{645,375（総収益④）}{(619,286（期首総資産）+683,247（期末総資産))\div 2} = 1.0 回$$

良品計画：$\frac{439,945⑤}{(258,309+306,512)\div 2} = 1.6 回$

　この比率は，資産利用の効率を表したものである。これは，良品計画の方が高い。⑥さらに，営業活動の効率を分析するために，総収益は売上高（営業収益）に，総資産は営業資産に代えた次の比率が使用される。☞

## ◆キ．売上高対営業資産（営業資産回転率）

ニトリ：

$$\frac{642,273（売上高）}{(530,987（期首営業資産）+592,088（期末営業資産))\div 2} = 1.1 回$$

良品計画：$\frac{437,775+937（営業収入）⑦}{(227,577+277,177)\div 2} = 1.7 回$

　この指標から，営業資産についても良品計画の方が効率的に利用していることがわかる。

　さらに，店舗などの固定資産を効率的に運用しているかについても検討する必要がある。☞

## ◆ク．総収益対固定資産（固定資産回転率）

ニトリ：

$$\frac{645,375（総収益）}{(408,244（期首固定資産）+419,657（期末固定資産))\div 2} = 1.6 回$$

良品計画：$\frac{439,945}{(90,787+135,233)\div 2} = 3.9 回$

---

①資料の連結貸借対照表では分からないが，厳密には貸付金や有価証券を除いて計算しなければならない。

②期末営業資産 592,088 ＝ 総資産 683,247 －建設仮勘定 3,489 －投資その他の資産 87,670

③期末営業資産 277,177 ＝ 総資産 306,512 －建設仮勘定 896 －投資その他の資産 28,439

☞ 商人の眼
　この比率については，71ページの〔注意〕を読んだうえで，さらに売上高売上原価率，売上高販売費及び一般管理費率をみて販売活動のウェイト（原価低減などに力を入れているか，それとも広告宣伝や店舗の高級化など販売に力を入れているか）をみなければならない。

④総収益 645,375 ＝ 売上高 642,273 ＋営業外収益 2,476 ＋特別利益 626

⑤総収益 439,945 ＝ 売上高 437,775 ＋営業収入 937 ＋営業外収益 1,214 ＋特別利益 19

⑥「日経バリューサーチ」によると，2020年度の小売業における中分類「専門店・ドラッグストア」の平均総資産回転率は1.6回である。

☞ 商人の眼
　ニトリが主に扱っている家具は買い替えのスパンが長いため，回転率の低さと関係しているのかもしれない。

⑦良品計画の損益計算書に表示されている営業収入については，とくにことわらない限り，売上高と同等に扱い計算することとする。

☞ 商人の眼
　固定資産は資金を長期に拘束しているので，これが大きいと経営の"小回り"がきかなくなり，危険につながる恐れがある。

この指標から，良品計画の方が固定資産についても効率的に利用していることがわかる。☞

さらに，企業内部の分析へ進む前に，株主資本当期純利益率（**イ.**）の延長として，株主の立場に立った分析を行っておく。

### ◆ケ．配当性向

ニトリ：$\dfrac{11{,}679（配当金）[1]}{71{,}395（当期純利益）} \times 100 = 16.4\%$

良品計画：$\dfrac{9{,}964}{22{,}693} \times 100 = 43.9\%$

良品計画の方が高い。これは，良品計画の方が，当期に稼いだ利益を株主に還元する割合が高かったことを示している。したがって，現在株主の立場からは望ましいといえる。つまり，良品計画の方が（長期安定）株主重視の姿勢をとっているとみることができる。[2] ☞

さらに，株主のための情報分析を展開する。

### ◆コ．1株当たり当期純利益

ニトリ：

$$\dfrac{71{,}395\,百万円（当期純利益）}{(114.4\,百万株（期首発行済株式総数）+114.4\,百万株（期末発行済株式総数）)\div2} = 624.1\,円$$

良品計画：$\dfrac{22{,}693\,百万円}{(26.4\,百万株+26.4\,百万株)\div2} = 859.6\,円$

良品計画の方が高い。これは，良品計画が1株当たり，ニトリの1.4倍の利益をあげていることを示している。しかし，この指標の大きさにより単純にどちらの企業が良いかを判断することはできない。なぜならば，発行する株式の数は必ずしも負債を含む企業の規模（総資産）とは関連しないからである。[3]

**カ.** から**ク.** の回転率の続きとして，企業利益率の分析に戻る。

### ◆サ．総収益当期純利益率

ニトリ：$\dfrac{71{,}935（当期純利益）}{645{,}375（総収益）} \times 100 = 11.1\%$

良品計画：$\dfrac{22{,}693}{439{,}945} \times 100 = 5.2\%$

企業全体としての収益性をみるためには，企業の総収益（売上高＋営業外収益＋特別利益）に対する当期純利益の割合をみる。この比率は，ニトリの方が高い。これは回転率で劣っていたニトリの強みといえる。そこで，この内容を分析していく。企業にとって最も重要なのは売上高（営業収益）である。

☞ **商人の眼**

さらに進み，営業上の効率をみるためには，営業収益と営業上の固定資産との関係をみなければならない。

①配当金は株主資本等変動計算書をみればわかる。

②資料年度の有価証券報告書上に記載されている1株当たり配当額および1株当たり当期純利益額を用いて計算すると，ニトリが17.0％，良品計画が22.6％である。このように，企業が公表する数字と異なる場合があるのは，優先株式等，特殊な金融商品の存在を考慮して企業が計算しているからである。なお，この詳細については「1株当たり当期純利益に関する会計基準」を参照。ただし，良品計画について，中間配当額は株式分割前の182円，期末配当額は株式分割後の18円20銭とし，年間配当額は単純合計である200円20銭として記載しているため，本設例の計算結果と大きな違いが生じている。

☞ **投資家の眼**

このような姿勢にも拘らず，後述する株価収益率は良品計画の方が低いことは注目すべきである。

③有価証券報告書上に記載されている1株当たり当期純利益額は，ニトリが635.42円，良品計画が88.47円（株式分割が行われたと仮定した場合の金額）である。

①売上高売上総利益率と売上高売上原価率については，損益計算書上，すべての計算要素が営業収入より上に表示されているため，これを計算に含めないこととする。

②「日経バリューサーチ」によると，2020年度の小売業における中分類「専門店・ドラッグストア」の平均売上高総利益率は35.5％である。

☞ **商人の眼**

両社ともに企画開発・製造から流通・販売までを自社で行うビジネスモデルを確立しているので，高い売上高売上総利益率を実現している。

☞ **商人の眼**

良品計画は食品や衣料品から家具，住宅まで多様な商品を扱っているのに対し，ニトリは主に家具・インテリアに注力しているので，効率的な原価低減が図れているのかもしれない。

③「日経バリューサーチ」によると，2020年度の小売業における中分類「専門店・ドラッグストア」の平均売上高営業利益率は4.0％である。

### ◆シ．売上高売上総利益率

ニトリ：$\dfrac{354,364（売上総利益）}{642,273（売上高）} \times 100 = 55.2\%$

良品計画：$\dfrac{216,691}{437,775①} \times 100 = 49.5\%$

この数値を見ることにより，その企業がどの程度，値入率の高い商品・サービスを扱っているかが推測できる②。この比率は，ニトリの方が高い。☞

### ◆ス．売上高売上原価率

ニトリ：$\dfrac{287,909（売上原価）}{642,273（売上高）} \times 100 = 44.8\%$

良品計画：$\dfrac{221,084}{437,775} \times 100 = 50.5\%$

この数値が低ければ低いほど，その企業が商品にかかるコストを低めている（仕入部門が努力しているか商品管理能力が優れている）と考えられる。☞

### ◆セ．売上高営業利益率

ニトリ：$\dfrac{107,478（営業利益）}{642,273（売上高）} \times 100 = 16.7\%$

良品計画：$\dfrac{36,380}{437,775 + 937（営業収入）} \times 100 = 8.3\%$

これもニトリの方がよい。そこで，両社の営業活動の違いを表にまとめてみよう③。

## ［注意］両社の営業活動の比較

$$営業資産営業利益率 = \frac{営業利益}{営業資産} \times 100$$

$$= \frac{売上高}{営業資産}（回転率） \times \frac{営業利益}{売上高}（利益率） \times 100$$

売上高対営業資産（キ.）は，営業資産をどれだけ効率的に利用したかという**回転率**を表すが，売上高営業利益率（セ.）は，企業がどれだけ高く商品・製品を売ったかという**利益率**を表す。売上高対営業資産（キ.）と売上高営業利益率（セ.）を掛け合わせると，前の営業資産営業利益率（オ.）になる。ここで，ニトリと良品計画の営業資産営業利益率（オ.）を区切ってみると，次のようになる。

| | 営業資産営業利益率 | 回転率 | 利益率 |
|---|---|---|---|
| ニトリ | 19.1% | 1.1 回 | 16.7% |
| 良品計画 | 14.4% | 1.7 回 | 8.3% |

この比較により，回転率は良品計画の方が高く，利益率はニトリの方が高いことがわかる。ここから，良品計画は，「回転率（効率）重視」の経営を行っているのに対し，ニトリは原価に比べて高い価格設定もしくは高価格商品販売による「利益率重視」の経営を行っているといえる。回転率および利益率は，経営者にとって重要な比率である。なぜなら，自社の経営方針を考える際，回転率（効率）重視にするか利益率重視にするかというように，これらは企業の経営方針にかかわるからである。

## ◆ソ. 売上高販売費及び一般管理費率

$$ニトリ：\frac{246,886（販売費及び一般管理費）}{642,273（売上高）} \times 100 = 38.4\%$$

$$良品計画：\frac{181,248}{437,775 + 937（営業収入）} \times 100 = 41.3\%$$

この指標は経営者にとって，経営実態を把握するために重要である。例えば，この比率が他社よりも悪（高）ければ，自社にどこかムダな販売費や管理費用が存在していることが推測される。この比率は，ニトリの方がよい。したがって，原価低減能力に加え，販売費及び一般管理費の管理能力も，ニトリの方が優れているといえる。

①経常収益 644,749 =
　売上高 642,273 + 営業
　外収益 2,476
②経常収益 439,926 =
　売上高 437,775 + 営業
　収入 937 + 営業外収益
　1,214

◆タ．経常収益経常利益率

$$\text{ニトリ：} \frac{109,522\,(\text{経常利益})}{644,749\,(\text{経常収益①})} \times 100 = 17.0\%$$

$$\text{良品計画：} \frac{36,377}{439,926②} \times 100 = 8.3\%$$

　経常利益は当期の業績を示す指標であり，経常収益（売上高＋営業外収益）に対するこの比率はニトリの方が高い。つまり，ニトリの方が全体として「利益」重視の経営管理を行っていると推測できる。


　次に安全性をみてみよう。

# 3　安全性の分析

　まず，当座つまり短期の安全性を分析する。

◆チ．流動比率（銀行家比率）

$$\text{ニトリ：} \frac{263,589\,(\text{流動資産})}{97,063\,(\text{流動負債})} \times 100 = 271.6\%$$

$$\text{良品計画：} \frac{171,279}{63,048} \times 100 = 271.7\%$$

　どちらの会社も銀行家比率の目安とされている200％をクリアしている。つまり，両社ともに銀行にとって，融資先として安全性が高い企業ということになる③。☞　これについて，流動負債に対して流動資産のなかの棚卸資産が多ければ，安全性つまり流動資産の質に問題があるといえる。そこで，当座比率により，その詳細を分析しなければならない。

◆ツ．当座比率（酸性試験比率）

　当座資産は本来，現金及び預金・売掛金・受取手形・売買目的有価証券・未収収益・短期貸付金（マイナス貸倒引当金）などが含まれるが，本設例の貸借対照表においては現金及び預金，受取手形及び売掛金，貸倒引当金しかわからないので，ここでは，これらを当座資産として計算する。

③「日経バリューサー
　チ」によると，2020年
　度の小売業における中
　分類「専門店・ドラッ
　グストア」の平均流動
　比率は 170.0％ である。

☞　商人の眼
　また，両社ともに流動
　負債に含まれる短期借入
　金などの有利子負債の金
　額は小さい。

$$\text{ニトリ：} \frac{187{,}066（当座資産①）}{97{,}063（流動負債）} \times 100 = 192.7\%$$

$$\text{良品計画：} \frac{48{,}824②}{63{,}048} \times 100 = 77.4\%$$

　当座比率はニトリの方が高い。一方，良品計画は目安である 100％ を下回っている。良品計画が流動比率と比較して当座比率の数値を大きく落としている原因は，流動資産に占める棚卸資産の割合が大きいことにあると言える。

　この比率が低い場合は，短期の債権者（与信者）は注意しなければならない。なお，その支払能力の実態については，キャッシュ・フロー計算書からの情報も考慮に入れて，当座資金がどのように使われているかを慎重に分析する必要がある[③]。

### ◆テ．売上債権対仕入債務比率

$$\text{ニトリ：} \frac{27{,}876（売上債権④）}{19{,}774（仕入債務⑤）} \times 100 = 141.0\%$$

$$\text{良品計画：} \frac{10{,}010⑥}{28{,}133⑦} \times 100 = 35.6\%$$

　仕入債務と売上債権が等しければ営業活動が財務上，中立的であるという理論的な目安となる 100％ をニトリはクリアしている。

　ここからは，長期的な安全性をみる。

### ◆ト．総資産負債比率

$$\text{ニトリ：} \frac{122{,}385（負債）}{683{,}247（総資産）} \times 100 = 17.9\%$$

$$\text{良品計画：} \frac{98{,}019}{306{,}512} \times 100 = 32.0\%$$

　この比率から，相対的にはニトリの方が長期的な安全性を保っていることがわかる。一方，良品計画も，総資産のうち返済すべき負債が少ないので，構造上，安全性の点で問題は少ない。

　さらに，分母の総資産を，仮に負債を返済した場合に残る余裕額である純資産に代えた，純資産負債比率により長期的な安全性をみる場合もある。これにより，負債に対してどの程度の余裕があるかをみることができる。

①当座資産 187,066 ＝
　現金及び預金 159,190
　＋受取手形及び売掛金
　27,880－貸倒引当金 4
②当座資産 48,824 ＝現
　金及び預金 38,814
　＋受取手形及び売掛金
　10,010－貸倒引当金 0
③「日経バリューサーチ」によると，2020
　年度の小売業における
　中分類「専門店・ドラッグストア」の平均当
　座比率は 83.4％ である。

④売上債権 27,876 ＝ 受
　取手形及び売掛金
　27,880－貸倒引当金 4
⑤仕入債務 19,774 ＝ 支
　払手形及び買掛金
　19,774
⑥売上債権 10,010 ＝ 受
　取手形及び売掛金
　10,010－貸倒引当金 0
⑦仕入債務 28,133 ＝ 支
　払手形及び買掛金
　28,133

①計算式の分子と分母を入れ替え，ニトリは負債に対し，4.5倍の余裕，良品計画は2.1倍の余裕があると見ることもできる。

②「日経バリューサーチ」によると，2020年度の小売業における中分類「専門店・ドラッグストア」の平均純資産負債比率は217.9％である。

☞ **商人の眼**

両社とも利益剰余金つまり利益の留保額が大きい。

☞ **商人の眼**

ニトリの固定負債は長期借入金の額が多く，良品計画はリース債務が大半を占めている。つまり，両社の負債の質にも違いがある。

③「日経バリューサーチ」によると，2020年度の小売業における中分類「専門店・ドラッグストア」の平均固定長期適合率は76.1％である。

☞ **商人の眼**

建物及び構築物の金額が，ニトリの方が大きい。これは，ニトリが家具・インテリア用品の販売をメインとしており，衣料品や生活雑貨，食品などの日用品をメインで扱う良品計画よりも店舗や倉庫に多くのスペースを必要とするためと推察される。そして，この違いが，固定長期適合率に表れているものと考えられる。

### ◆ナ．純資産負債比率 ①

$$ニトリ：\frac{122,385（負債）}{560,861（純資産）}×100 = 21.8\%$$

$$良品計画：\frac{98,019}{208,492}×100 = 47.0\%$$

　ここでも，良品計画が劣ることは当然である。ただし，良品計画は純資産に対する負債が約5割なので，構造上，安全度について問題は少ない。② ☞

### ◆ニ．純資産固定負債比率

$$ニトリ：\frac{25,322（固定負債）}{560,861（純資産）}×100 = 4.5\%$$

$$良品計画：\frac{34,971}{208,492}×100 = 16.8\%$$

　固定負債の提供者は多くの場合，長期の債権者（とくに社債権者）である。このように考えると，この比率は長期の債権者にとって安全であるかどうかの判断基準となる。ここでも，ニトリの方がよい。☞

　ところで，最近の財務諸表では，「退職給付に係る負債」の金額が多い。このような場合には，過去または現在の従業員が自らの年金の安全性を判断する基準にもなる。

### ◆ヌ．固定長期適合率

$$ニトリ：\frac{419,657（固定資産）}{560,042（株主資本）+25,322（固定負債）}×100 = 71.7\%$$

$$良品計画：\frac{135,233}{203,246+34,971}×100 = 56.8\%$$

　企業は固定資産を長期にわたって使用する。そこで，その元手は支払請求のないものあるいは長期にわたるものに依存することが望ましい。このように考えると，良品計画の方が固定資産を賄う調達資本の面から考えた安全性が高い。③ 一方，ニトリも基準となる100％を下回っているため，この点でも問題は少ない。☞

### ◆ネ．売上債権回転率（売上高対売上債権）

$$ニトリ：\frac{642,273（売上高）}{(24,818（期首売上債権）+27,876（期末売上債権))÷2} = 24.4 回$$

$$良品計画：\frac{437,775+937（営業収入）}{(8,917+10,010)÷2} = 46.4 回$$

　企業は販売先に対し信用を供与するのが一般的である。この回転率が高いことは売上債権の回収がスムースであることを意味する。この点で，良品計画の方が債権の管理に努力していることがわかる。ただし，この指

標の良し悪しは営業の形態にも依存するので，注意が必要である。

### ◆ノ．棚卸資産回転率（売上高対棚卸資産）

ニトリ：

$$\frac{642{,}273（売上高）}{(62{,}907（期首棚卸資産）+65{,}512（期末棚卸資産①))\div2} = 10.0 \text{回}$$

良品計画：$\dfrac{437{,}775+937（営業収入）}{(88{,}265+105{,}414②)\div2} = 4.5 \text{回}$

　棚卸資産回転率はニトリの方が良品計画よりも高い。☞　このことは，ニトリの方が在庫リスクが少ないという点で安全性が高いと同時に，商品・製品の販売効率についてニトリの方がよいことも示している。
☞

### ◆ハ．仕入債務回転率（売上原価対仕入債務）

ニトリ：

$$\frac{287{,}909（売上原価）}{(20{,}956（期首仕入債務）+19{,}774（期末仕入債務))\div2} = 14.1 \text{回}$$

良品計画：$\dfrac{221{,}084}{(20{,}724+28{,}133)\div2} = 9.1 \text{回}$

　仕入債務回転率はニトリの方が高い。ということは，仕入業務などにおける信用取引への依存度は，良品計画の方が高いとも言える。

### ◆ヒ．総収益支払利息比率

ニトリ：$\dfrac{283（支払利息）}{645{,}375（総収益）}\times100 = 0.04\%（小数点第3位を四捨五入）$

良品計画：$\dfrac{892}{439{,}945}\times100 = 0.20\%（小数点第3位を四捨五入）$

　この比率により，企業の総収益をあげるための，負債への依存度の実質がわかる。つまり，単なる総資産負債比率であれば，時点の比率であるから，企業経営を圧迫するのは負債の返済額だけであり，今現在の支出ではないことが多い。これに対して，利息という形で期間の負担割合（経営への圧迫度）がこの指標によって分析される。これについてはどちらの企業も，その利子が企業業績に与えている影響は小さい。

①期末棚卸資産65,512
　＝商品及び製品
　61,203＋仕掛品182＋
　原材料及び貯蔵品
　4,127

②期末棚卸資産105,414
　＝商品及び製品
　105,148＋仕掛品217
　＋貯蔵品49

☞　**商人の眼**

　良品計画の棚卸資産の中身は商品および製品のみが大きいのに対し，ニトリは原材料及び貯蔵品も大きい。ここにも両者の販売政策の違いが見てとれる。今度，ニトリや無印良品に行ったら，どんな商品や製品が並んでいるかみてみよう。

☞　**商人の眼**

　ニトリは家具という比較的単価の大きい商品・製品をメインで扱っているのにもかかわらず，棚卸資産の金額が良品計画を下回っているということは，ニトリの在庫管理能力が高いと評価できる。

## ◆フ．売上高支払利息比率

$$ニトリ：\frac{283（支払利息）}{642,273（売上高）} \times 100 = 0.04\%（小数点第3位を四捨五入）$$

$$良品計画：\frac{892}{437,775 + 937（営業収入）} \times 100 = 0.20\%（小数点第3位を四捨五入）$$

　企業は経常的収入の大半を売上高に依存する。ところで，前の比率（ヒ．）の総収益の構成要素のなかには，一部の特別利益のように，臨時的または収入をもたらすとは限らない利益も含まれる。そこで，必ず支払わなければならない利息については，その経常的な収入源である売上高と比較するのが望ましい。これにより，営業活動からの支払負担に耐えられるかどうかが判断できる。この比率も総収益支払利息比率（ヒ．）と変わらない。☞

## ◆ヘ．フリー・キャッシュ・フロー

ニトリ：99,337（営業活動によるキャッシュ・フロー）
　　　　＋（△44,486）（投資活動によるキャッシュ・フロー）＝ 54,851 百万円
良品計画：24,452 ＋（△31,435）＝ △6,983 百万円

　企業活動は絶え間ない営業の循環と投資活動によって支えられている。ここから生み出される資金の金額がフリー・キャッシュ・フローである。フリー・キャッシュ・フローは，借入金の返済などに向けることができる。負債の返済は，前の負債比率（ト．ナ．）や流動比率（チ．）の改善につながり，企業の安全性・安定性を増すことになる。

　フリー・キャッシュ・フローが増えることは，それだけ企業に資金的余裕ができたことを意味する。ただし，この金額が増加し続けることは，一方では投資活動に資金が利用されなかった（投資機会がなかった）可能性も含まれる。この数値はニトリの方が大きい。☞

　この数値がマイナスを示している場合は，注意を要する。つまり，借入金に資金を依存している可能性を検討しなければならない。また，これをみるときには，総資産など企業の規模を考慮した上で，絶対額[①]での内訳をみることも大事になる[②]。

## ◆ホ．売上高営業キャッシュ・フロー比率

$$ニトリ：\frac{99,337（営業活動によるキャッシュ・フロー）}{642,273（売上高）} \times 100 = 15.5\%$$

$$良品計画：\frac{24,452}{437,775 + 937（営業収入）} \times 100 = 5.6\%$$

企業の資金の主たる源泉は売上高である。しかし，売上高は必ずしも全額が回収されるとは限らないので，即座に自由に使える資金の流入とは考えられない。そのうえ，営業活動を行うためには，営業費用の支出が必要である。これらを控除した営業活動からの現金の純流入を表すのが，営業活動によるキャッシュ・フローである。売上高と営業活動によるキャッシュ・フローを対比させることにより，売上高からどれだけ自由な資金①が得られたかがわかる。この指標はニトリが良品計画より高く，自由にできる資金を売上高から多く得ていることがわかる。

①新規投資（投資活動）や借入れの返済（財務活動）にあてられる資金。

◆マ．当期純利益キャッシュ・フロー比率

$$ニトリ：\frac{40{,}737（キャッシュ・フロー）}{71{,}395（当期純利益）} \times 100 = 57.1\%$$

$$良品計画：\frac{\triangle 19{,}731}{22{,}693} \times 100 = \triangle 86.9\%$$

会計上，当期純利益は発生主義により計算される。したがって，計算された利益は資金的裏づけをもつとは限らない。一方，資金は投資や借入金の返済などにも使用される。このような企業の資金の流れをまとめたキャッシュ・フロー（現金及び現金同等物の増減額）と，当期純利益を比較することにより，当期純利益の資金的裏づけを求めることができる。これはとくに，株主が配当金を請求するときに，引出可能かどうかの目安になる。つまり，利益の処分可能性を判断するための重要な指標になる。

この比率もニトリの方が高く，利益に資金の裏付けがあることを示している。一方の良品計画はキャッシュ・フローがマイナスであるため，利益の処分可能性に不安が残る。

◆ミ．流動負債営業キャッシュ・フロー比率

$$ニトリ：\frac{99{,}337（営業活動によるキャッシュ・フロー）}{97{,}063（流動負債）} \times 100 = 102.3\%$$

$$良品計画：\frac{24{,}452}{63{,}048} \times 100 = 38.8\%$$

多くの流動負債は，営業資産の購入資金の源泉となっている，つまり営業活動を支えている。したがって，その返済には営業活動によるキャッシュ・フローを利用することが望ましい。この比率により，営業活動による流動負債の返済能力が判断できる。良品計画の比率はニトリより低いが，これは，借入金の借り換えなど営業活動以外の財務活動からのキャッシュ・フローに依存しなければならない可能性が高くなることを

意味している。事実，前に計算したように良品計画の方が負債依存度が高い。<sup>(注)</sup>

# 4 企業価値の分析

## ◆ム．1株当たり純資産

$$ニトリ：\frac{560,861 \text{ 百万円（純資産）}}{114.4 \text{ 百万株（発行済株式総数）}} = 4,902.6 \text{ 円}$$

$$良品計画：\frac{208,492 \text{ 百万円}}{26.4 \text{ 百万株}} = 7,897.4 \text{ 円}$$

良品計画の1株当たり純資産がニトリの約1.6倍になっている。これは，良品計画の現在株主がニトリの現在株主に比べ，1.6倍の持分を有していることを意味している。<sup>①</sup>

## ◆メ．株価純資産倍率

$$ニトリ：\frac{16,560 \text{ 円（株価）}}{4,902.6 \text{ 円（1株当たり純資産）}} = 3.4 \text{ 倍}$$

$$良品計画：\frac{14,780 \text{ 円}}{7,897.4 \text{ 円}} = 1.9 \text{ 倍}$$

両者ともに1株当たりの純資産に比べて株価が高い，つまり1倍を大きく上回っているという意味で，割高と判断できる。<sup>②</sup>☞

## ◆モ．株価収益率

$$ニトリ：\frac{16,560 \text{ 円（株価）}}{624.1 \text{ 円（1株当たり当期純利益）}} = 26.5 \text{ 倍}$$

$$良品計画：\frac{14,780 \text{ 円}}{859.6 \text{ 円}} = 17.2 \text{ 倍}$$

この比率により，今，株式を購入するかどうかが判断される。株価純資産倍率（メ．）と同じく，ニトリの方が割高と判断される<sup>③</sup>☞。

## ◆ヤ．配当利回り

ニトリ：

$$\frac{11,679 \text{ 百万円（配当金）} \div (114.4 \text{ 百万株（期首発行済株式総数）} + 114.4 \text{ 百万株（期末発行済株式総数）}) \div 2)}{16,560 \text{ 円（株価）}}$$

$$\times 100 = 0.6\%$$

$$良品計画：\frac{9,964 \text{ 百万円} \div ((26.4 \text{ 百万株} + 26.4 \text{ 百万株}) \div 2)}{14,780 \text{ 円}} \times 100 = 2.6\%$$

投資家が株式を購入するか否かの指標となる配当利回りについては，良品計画の方が高い数値を示している。このことから，株主への利益還元の手段である「配当」という観点からは，良品計画に投資した方が高

---

（注）分母の流動負債を期中平均にすると，計算結果は以下のようになる。

ニトリ：

$$\frac{99,337}{(95,016+97,063) \div 2} \times 100$$

$$= 103.4\%$$

良品計画：

$$\frac{24,452}{(53,574+63,048) \div 2} \times 100$$

$$= 41.9\%$$

①資料年度の有価証券報告書上に記載されている1株当たり純資産額は，ニトリが4,984.29円，良品計画が775.77円である。

☞ 投資家の眼

今までの分析結果を踏まえても，市場がニトリを高く評価しているともいえる。

②日本取引所グループによると，2021年10月末現在，東証一部に上場している小売業の加重平均PBRは2.1倍である。なお，有価証券報告書上に記載されている1株当たり純資産額を用いて計算すると，ニトリが3.1倍，良品計画，1.9倍である。

☞ 投資家の眼

この理由として，株価と比べ，ニトリの当期純利益が低いことに注意すべきである。

③日本取引所グループによると，2021年10月末現在，東証一部に上場している小売業の加重平均PERは57.2倍である。

なお，有価証券報告書上に記載されている1株当たり当期純利益金額を用いて計算すると，ニトリが26.1倍，良品計画が16.7倍である。

いリターンを期待できるといえる。①☞

# 5 分析に基づく短評

これまでの分析に基づき，ニトリと良品計画の状態を総合的に評価する。

収益性からみると，貸借対照表と損益計算書を利用した方法では，総資産当期純利益率（ア.）や総資産経常利益率（ウ.）において，ニトリが良品計画を上回っている。この結果は，分母の総資産を株主資本・使用資産・営業資産に代えても同じであった。

さらに，分析を深め，収益性を回転率と利益率に分けた結果，良品計画は回転率が相対的に高いことがわかった。ここから，資産の効率的利用を目指していると推察できる。一方，ニトリは損益計算書の数値のみを使用した利益率が高いことが判明した。これは，トータルの利益率確保のため，ニトリが値入れ（利幅）の大きい商品・サービスを販売しており，かつ，それに対応するコストを抑えていると推察できる。このように，財務諸表分析比較を行うことにより，その企業の経営姿勢が推論できる。

安全性の面では，ニトリの方が全体的に良かった。これは，長期的な安全性を示す負債比率（ト. ナ.）や，短期的な安全性を示す流動比率（チ.）などを分析することによって判定できた。ただし，良品計画も流動比率や固定長期適合率（ヌ.）で，目安となる数値をクリアしているので，おおむね安全性において問題は少ないと考えられる。一方，流動資産に占める棚卸資産の割合が大きく当座比率（ツ.）が低いことには注意を要する。この場合にも，財務諸表により，具体的な負債および資産の内容をみていくことが求められる。

安全性については，キャッシュ・フロー計算書により，流動負債営業キャッシュ・フロー比率（ミ.）や売上高営業キャッシュ・フロー比率（ホ.）のように，資金の流れの面でもみることができる。また，近年は，株主の発言力が強くなり，配当金の支払いを積極的に要求する傾向が見受けられる。この場合，その資金的手当てがあるかどうかを判断するために，当期純利益キャッシュ・フロー比率（マ.）をみることも必要になってきている。ここでも，キャッシュ・フロー計算書を利用できる。

このキャッシュ・フローに基づいた指標についてはニトリの方がよか

①有価証券報告書上に記載されている１株当たり配当額を用いて計算すると，ニトリが0.7％，良品計画が1.4％である。

☞ **投資家の眼**

一方で，株主資本当期純利益率（イ.）はニトリの方が高い。（66ページ参照）

った。ということは，良品計画は資金的裏付けについて注視する必要が
あるだろう。

　以上から，収益性，安全性ともにニトリがよいことから，ここではニ
トリの方が良好な企業と判断する。ただし，最終的な判断は業界全体の
なかで行わなければならない。

　また，企業価値分析により，株価純資産倍率（メ.），株価収益率
（モ.）いずれにおいてもニトリの方が市場から高く評価されていること
がわかった。これは，先の収益性および安全性の指標を株式市場（投資
家）が判断材料とした結果，高株価につながったとみることもできよう。

　ここで行った比較分析は，一定時点の分析である。より詳細に比較・
評価するには，趨勢的に会計数値を見ることが必要となる。

## 1 財務諸表の提示

前章では，良品計画の第○期（20X5 年 3 月 1 日～20X6 年 2 月 29 日）の財務諸表により，ニトリとの企業間比較を行った。本章では，総合的に見て良好でないと判断した良品計画の期間比較を行い，業績が相対的に低い原因を考察する。

そのために第×期（20X4 年 3 月 1 日～20X5 年 2 月 28 日）の財務諸表を使用するが，分析のために，平均数値を要求するものもあるので，第◇期（20X3 年 3 月 1 日～20X4 年 2 月 28 日）の貸借対照表も掲げる。

㈱良品計画

### 連結貸借対照表
20X4 年 2 月 28 日 （単位：百万円）

| 資産の部 | | 負債の部 | |
|---|---|---|---|
| 流動資産 | | 流動負債 | |
| 現金及び預金 | 50,875 | 買掛金 | 20,172 |
| 受取手形及び売掛金 | 9,128 | 未払金 | 6,659 |
| 商品 | 74,288 | その他 | 23,012 |
| 仕掛品 | 138 | 流動負債合計 | 49,843 |
| 貯蔵品 | 46 | 固定負債 | |
| 未収入金 | 9,211 | 長期借入金 | 1,614 |
| その他 | 5,679 | その他 | 12,429 |
| 貸倒引当金 | △36 | 固定負債合計 | 14,043 |
| 流動資産合計 | 149,329 | 負債合計 | 63,886 |
| 固定資産 | | 純資産の部 | |
| 有形固定資産 | | 株主資本 | |
| 建物及び構造物（純額） | 28,176 | 資本金 | 6,766 |
| 機械装置及び運搬費（純額） | 2,459 | 資本剰余金 | 10,791 |
| 工具，器具及び備品（純額） | 7,889 | 利益剰余金 | 162,376 |
| 土地 | 1,907 | 自己株式 | △15,334 |
| 建設仮勘定 | 716 | 株主資本合計 | 164,599 |
| その他（純額） | 78 | その他の包括利益累計額 | 5,345 |
| 有形固定資産合計 | 41,225 | 新株予約権 | 377 |
| 無形固定資産 | 14,200 | 非支配株主持分 | 4,103 |
| 投資その他の資産 | 33,558 | 純資産合計 | 174,426 |
| 固定資産合計 | 88,983 | | |
| 資産合計 | 238,313 | 負債純資産合計 | 238,313 |

（注） 実際の財務諸表は端数処理を行っているため，各項目の数値とその合計額は必ずしも一致しない。

【追加資料】

| | 20X3 年度 |
|---|---|
| 配当金(百万円) | 8,389 |
| 発行済株式総数(自己株式除く)(百万株) | 26.4 |
| 株価(円) | 36,650 |

## 2 収益性の分析

### ◆ア．総資産当期純利益率

$$第×期：\frac{34,131(当期純利益)}{(238,313(期首総資産)+258,309(期末総資産))÷2}×100＝13.7\%$$

$$第○期：\frac{22,693}{(258,309+306,512)÷2}×100＝8.0\%$$

第×期から第○期にかけて，低下している。そこで，原因をみるために，計算式の構成要素を分解して分析していく必要がある。なお，前の分析に基づき，利払前の総資産当期純利益率も確認しておく。

### ◆ア－1（発展）．総資産利払前当期純利益率

$$第×期：\frac{34,131(当期純利益)+27(支払利息)}{(238,313(期首総資産)+258,309(期末総資産))÷2}×100＝13.8\%$$

$$第○期：\frac{22,693+892}{(258,309+306,512)÷2}×100＝8.4\%$$

### ◆イ．株主資本当期純利益率

$$第×期：\frac{34,131(当期純利益)}{(164,599(期首株主資本)+189,177(期末株主資本))÷2}×100$$

$$＝19.3\%$$

$$第○期：\frac{22,693}{(189,177+203,246)÷2}×100＝11.6\%$$

総資産当期純利益率（ア．）と同じく，この比率は第×期から第○期にかけて低下している。

### ◆ウ．総資産経常利益率

$$第×期：\frac{45,861(経常利益)}{(238,313(期首総資産)+258,309(期末総資産))÷2}×100＝18.5\%$$

$$第○期：\frac{36,377}{(258,309+306,512)÷2}×100＝12.9\%$$

当期の業績から見ても，第×期の方がよい。前章と同様，総資産利払前経常利益率も確認しておく。

### ◆ウ－1（発展）．総資産利払前経常利益率

$$第×期：\frac{45,861(経常利益)+27(支払利息)}{(238,313(期首総資産)+258,309(期末総資産))÷2}×100＝18.5\%$$

$$第○期：\frac{36,377+892}{(258,309+306,512)÷2}×100＝13.2\%$$

## ◆エ．使用資産経常利益率

第×期：
$$\frac{45,861(経常利益)}{(237,597(期首使用資産)+255,717(期末使用資産^{①}))\div 2}\times 100$$
$$= 18.6\%$$

第○期：
$$\frac{36,377}{(255,717+305,616^{②})\div 2}\times 100 = 13.0\%$$

① 期末使用資産 255,717
　＝期末総資産 258,309
　－建設仮勘定 2,592
② 期末使用資産 305,616
　＝期末総資産 306,512
　－建設仮勘定 896

　総資産から，営業の用に供していない資産（建設仮勘定）を差し引いた使用資産と経常利益との比率を見ても，総資産経常利益率（**ウ.**）と同様に，第○期は悪化している。

## ◆オ．営業資産営業利益率

第×期：
$$\frac{44,743(営業利益)}{(204,039(期首営業資産)+227,577(期末営業資産^{③}))\div 2}\times 100$$
$$= 20.7\%$$

第○期：
$$\frac{36,380}{(227,577+277,177^{④})\div 2}\times 100 = 14.4\%$$

③ 期末営業資産 227,577
　＝総資産 258,309－建
　設仮勘定 2,592－投資
　その他の資産 28,140
④ 期末営業資産 277,177
　＝総資産 306,512－建
　設仮勘定 896－投資そ
　の他の資産 28,439

　これも，第×期の方が上回っている。つまり，これまでの収益性の指標を見ると，当期の業績および営業活動の観点からは，悪化の傾向にあることがわかる。

　前章の分析では，良品計画の経営の強みとして回転率があげられた。そこで，回転率をみてみよう。

## ◆カ．総収益対総資産（総資産回転率）

第×期：
$$\frac{420,289(総収益^{⑤})}{(238,313(期首総資産)+258,309(期末総資産))\div 2} = 1.7回$$

第○期：
$$\frac{439,945^{⑥}}{(258,309+306,512)\div 2} = 1.6回$$

⑤ 総収益 420,289＝売
　上高 408,848＋営業収
　入 849＋営業外収益
　1,957＋特別利益
　8,635
⑥ 総収益 439,945＝売
　上高 437,775＋営業収
　入 937＋営業外収益
　1,214＋特別利益 19

　企業の総資産の回転率も，第○期に悪化している。つまり，経営の能率にも変化が起きていることがわかる。これが営業活動によるものかどうかを確かめるため，売上高対営業資産をみてみる。

## ◆キ．売上高対営業資産（営業資産回転率）

第×期：
$$\frac{408,848(売上高)+849(営業収入)}{(204,039(期首営業資産)+227,577(期末営業資産))\div 2} = 1.9回$$

第○期：
$$\frac{437,775+937}{(227,577+277,177)\div 2} = 1.7回$$

　営業資産の回転率についても，第×期の方がよい。この事実から，営業資産営業利益率（**オ.**）の低下は，回転率に由来することが予想される。

◆ク．総収益対固定資産（固定資産回転率）

第×期： $\dfrac{420,289（総収益）}{(88,983（期首固定資産）＋90,787（期末固定資産））÷2} = 4.7$ 回

第〇期： $\dfrac{439,945}{(90,787＋135,233)÷2} = 3.9$ 回

　固定資産をどの程度効率的に運用したかも，前の例にならって確認しておく。これについても低下している。つまり，第×期の方が固定資産を効率的に使用していたことがわかる。

　次に，利益率について検討しなければならないが（**サ．～タ．**），本書の構成に沿って株主の立場からの収益性の指標をみておく。

◆ケ．配当性向

第×期： $\dfrac{9,856（配当金）}{34,131（当期純利益）} \times 100 = 28.9\%$

第〇期： $\dfrac{9,964}{22,693} \times 100 = 43.9\%$

　配当性向は上昇した。これは，株主資本当期純利益率（**イ．**）が下がったが，株主への還元率が高まったことを示す[①]。

◆コ．1株当たり当期純利益

第×期： $\dfrac{34,131 百万円（当期純利益）}{(26.4 百万株（期首発行済株式総数）＋26.4 百万株（期末発行済株式総数））÷2} = 1,292.8$ 円

第〇期： $\dfrac{22,693 百万円}{(26.4 百万株＋26.4 百万株)÷2} = 859.6$ 円

　そこで，株主にとっての1株当たりの利益を確認してみると，第×期の方が大きい。つまり，第〇期に良品計画は1株当たり当期純利益が減少したにも関わらず，株主に対する配当額を維持したのである[②]。☞

　第×期から第〇期に営業資産回転率（**キ．**）は減少したが，一方の利益率はどうであるかを検討する。

◆サ．総収益当期純利益率

第×期： $\dfrac{34,131（当期純利益）}{420,289（総収益）} \times 100 = 8.1\%$

第〇期： $\dfrac{22,693}{439,945} \times 100 = 5.2\%$

　企業の全体的・総合的な収益性をみるこの利益率についても，第×期より悪化している。そこで，さらに原因をつきつめていく。

①有価証券報告書上に記載されている1株当たり配当額および1株当たり当期純利益金額を用いて計算すると，第×期が30.0％，第〇期が22.6％である。

　なお，この場合の配当原資が過去の利益の蓄積か，もしくは株主からの払込額かは，株主資本等変動計算書により確認できる。（37ページ③参照）

②有価証券報告書上に記載されている1株当たり当期純利益額は，第×期が128.92円，第〇期が88.47円（ともに株式分割が行われたと仮定した金額）である。

☞　投資家の眼

　キャッシュ・フロー計算書により，資金面での配当額の妥当性もみる必要がある。

## ◆シ．売上高売上総利益率

第×期：$\dfrac{210,531（売上総利益）}{408,848（売上高）} \times 100 = 51.5\%$

第○期：$\dfrac{216,691}{437,775} \times 100 = 49.5\%$

　総収益当期純利益率（**サ.**）減少の原因を，利幅の大きい製品を扱ったかどうかという見地で見てみると，第○期の方が悪い。ということは，製品の利幅が小さくなったことが利益水準低下の一因であるといえる。

☞

## ◆ス．売上高売上原価率

第×期：$\dfrac{198,317（売上原価）}{408,848（売上高）} \times 100 = 48.5\%$

第○期：$\dfrac{221,084}{437,775} \times 100 = 50.5\%$

　次に，コスト削減の努力を行ったかどうかを売上高売上原価率で確認すると，悪化していることがわかる。☞

## ◆セ．売上高営業利益率

第×期：$\dfrac{44,743（営業利益）}{408,848（売上高）＋849（営業収入）} \times 100 = 10.9\%$

第○期：$\dfrac{36,380}{437,775＋937} \times 100 = 8.3\%$

　売上高営業利益率も，第○期の方が悪い。この原因として，販売費及び一般管理費の増加が考えられる。そこで，販売費及び一般管理費の変化が第○期の本業の業績に影響しているかを次の指標にて確認する。

[注]　ここでも，第7章で行ったように，第×期と第○期の営業資産営業利益率（**オ.**）を売上高対営業資産（**キ.**）と，売上高営業利益率（**セ.**）に分解してみる。比較すると，回転率，利益率ともに第×期の方がよいことがわかる。つまり，営業資産営業利益率（**オ.**）の悪化の原因は利益率，回転率の双方にあるということになる。

|  | 営業資産営業利益率 | 回転率 | 利益率 |
|---|---|---|---|
| 第×期 | 20.6% | 1.9 回 | 10.9% |
| 第○期 | 14.4% | 1.7 回 | 8.3% |

☞　**商人の眼**

　扱う個々の商品・製品について価格や売れ行きなどをみていく必要がある。

☞　**商人の眼**

　悪化の原因について，仕入価格の下落か原価管理能力の改善かなどをみていく必要がある。

◆ソ．売上高販売費及び一般管理費率

$$第 \times 期：\frac{166,636（販売費及び一般管理費）}{408,848（売上高）+849（営業収入）} \times 100 = 40.7\%$$

$$第 \bigcirc 期：\frac{181,248}{437,775+937} \times 100 = 41.3\%$$

☞ 商人の眼

販売費及び一般管理費の増加の原因を求めて，有価証券報告書の中からさらに内容を詳しくみる必要がある。

①経常収益 411,654 ＝ 売上高 408,848＋営業収入 849＋営業外収益 1,957
②経常収益 439,926 ＝ 売上高 437,775＋営業収入 937＋営業外収益 1,214

この比率も第 $\times$ 期の方がよい。したがって，前（→セ．）に予測したように，販売費及び一般管理費の増加が，第 $\bigcirc$ 期の本業の業績に影響している。☞

◆タ．経常収益経常利益率

$$第 \times 期：\frac{45,861（経常利益）}{411,654（経常収益①）} \times 100 = 11.1\%$$

$$第 \bigcirc 期：\frac{36,377}{439,926②} \times 100 = 8.3\%$$

この比率も第 $\times$ 期の方がよい。以上，トータルの利益率で第 $\bigcirc$ 期の方が悪い理由は，損益計算書のみを利用した利益率の，特に売上高売上総利益率（シ．）の低下，および販売費及び一般管理費率（ソ．）の悪化にあることがわかる。

# 3 安全性の分析

◆チ．流動比率（銀行家比率）

$$第 \times 期：\frac{167,522（流動資産）}{53,574（流動負債）} \times 100 = 312.7\%$$

$$第 \bigcirc 期：\frac{171,279}{63,048} \times 100 = 271.7\%$$

流動比率は第 $\bigcirc$ 期に低下している。しかし，どちらの期も望ましいとされる 200% を上回っている。

③当座資産 64,361 ＝ 現金及び預金 55,444＋受取手形及び売掛金 8,920－貸倒引当金 3
④当座資産 48,824 ＝ 現金及び預金 38,814＋受取手形及び売掛金 10,010－貸倒引当金 0

◆ツ．当座比率（酸性試験比率）

$$第 \times 期：\frac{64,361（当座資産③）}{53,574（流動負債）} \times 100 = 120.1\%$$

$$第 \bigcirc 期：\frac{48,824④}{63,048} \times 100 = 77.4\%$$

☞ 商人の眼

棚卸資産の増加であれば，不良在庫でないかどうか在庫管理に注意する必要がある。

流動比率（チ．）の内容を，安全性の見地からさらに分析すると，この比率は第 $\bigcirc$ 期に 100% の水準を下回っている。これは，流動比率（チ．）の低下が当座資産の減少によるものであることを意味する。☞

### ◆テ．売上債権対仕入債務比率

第×期：$\dfrac{8,917(売上債権^{①})}{20,724(仕入債務^{②})} \times 100 = 43.0\%$

第○期：$\dfrac{10,010^{③}}{28,133^{④}} \times 100 = 35.6\%$

　安全性を営業活動という観点からみても，第×期の方がよく，仕入債務の支払能力という面で悪化している。

### ◆ト．総資産負債比率

第×期：$\dfrac{63,120(負債)}{258,309(総資産)} \times 100 = 24.4\%$

第○期：$\dfrac{98,019}{306,512} \times 100 = 32.0\%$

　安全性について，負債の割合をみてみる。これについては，低い方が安全性が高いと判断できるので，第×期の方がよい。ということは，長期の安全性についても悪化したとみることができる。

### ◆ナ．純資産負債比率

第×期：$\dfrac{63,120(負債)}{195,189(純資産)} \times 100 = 32.3\%$

第○期：$\dfrac{98,019}{208,492} \times 100 = 47.0\%$

### ◆ニ．純資産固定負債比率

第×期：$\dfrac{9,546(固定負債)}{195,189(純資産)} \times 100 = 4.9\%$

第○期：$\dfrac{34,971}{208,492} \times 100 = 16.8\%$

　この比率も悪化している。実数をみれば，リース債務の増加などによって固定負債の金額が上昇したことによるものであるとわかる。このように，分析においては，実数の趨勢（固定負債：9,546→34,971）をみることも必要である。

### ◆ヌ．固定長期適合率

第×期：$\dfrac{90,787(固定資産)}{189,177(株主資本)+9,546(固定負債)} \times 100 = 45.7\%$

第○期：$\dfrac{135,233}{203,246+34,971} \times 100 = 56.8\%$

①売上債権 8,917 ＝ 受取手形及び売掛金 8,920 －貸倒引当金 3
②仕入債務 20,724 ＝ 支払手形及び買掛金 20,724
③売上債権 10,010 ＝ 受取手形及び売掛金 10,010 －貸倒引当金 0
④仕入債務 28,133 ＝ 支払手形及び買掛金 28,133

固定長期適合率を計算してみると，これも悪化している。ただし，基準となる100%は大きく下回っているので，長期の安全性という観点からは問題は少ない。

ところで，固定資産の金額が増加した場合，積極投資が企業業績にプラスの影響をもたらしたか，具体的には収益性が高まったかを確認しなければならない。この設例では，総資産当期純利益率が低下している（→ア.）ので，良い投資成果が出ていないものと推論できる。

### ◆ネ．売上債権回転率

$$第\times期：\frac{408{,}848（売上高）+849（営業収入）}{(9{,}092（期首売上債権）+8{,}917（期末売上債権))\div2}=45.5回$$

$$第\bigcirc期：\frac{437{,}775+937}{(8{,}917+10{,}010)\div2}=46.4回$$

第〇期の方がこの比率が良かったという事実は，第〇期の方が相対的に債権回収が円滑に行われたことを意味している。

### ◆ノ．棚卸資産回転率

①期末棚卸資産 88,265 ＝ 商品 88,004＋仕掛品 202＋貯蔵品 59

②期末棚卸資産 105,414 ＝ 商品 105,148＋仕掛品 217＋貯蔵品 49

$$第\times期：\frac{408{,}848（売上高）+849（営業収入）}{(74{,}472（期首棚卸資産）+88{,}265^{①}（期末棚卸資産))\div2}=5.0回$$

$$第\bigcirc期：\frac{437{,}775+937}{(88{,}265+105{,}414^{②})\div2}=4.5回$$

この比率は第〇期の方が悪い。これは，在庫を管理する能力の悪化を反映している。

### ◆ハ．仕入債務回転率

$$第\times期：\frac{198{,}317（売上原価）}{(20{,}172（期首仕入債務）+20{,}724（期末仕入債務))\div2}=9.7回$$

$$第\bigcirc期：\frac{221{,}084}{(20{,}724+28{,}133)\div2}=9.1回$$

仕入債務回転率においては，若干低下している。

### ◆ヒ．総収益支払利息比率

$$第\times期：\frac{27（支払利息）}{420{,}289（総収益）}\times100=0.01\%（小数点第3位を四捨五入）$$

$$第\bigcirc期：\frac{892}{439{,}945}\times100=0.20\%（小数点第3位を四捨五入）$$

この比率は変わらず低い。この結果は，利息費用が経営上の負担とはなっていないことを意味している。また，売上高支払利息比率は，以下のようになる。

◆フ．売上高支払利息比率☞

第×期： $\dfrac{27（支払利息）}{408,848（売上高）+849（営業収入）} \times 100 = 0.01\%$

（小数点第3位を四捨五入）

第○期： $\dfrac{892}{437,775+937} \times 100 = 0.20\%$（小数点第3位を四捨五入）

☞ **商人の眼**

利子つまり負債による資金調達活動は売価に影響を与えていないといえる。

◆ヘ．フリー・キャッシュ・フロー

第×期：23,680（営業活動によるキャッシュ・フロー）

　　　+（△5,492）（投資活動によるキャッシュ・フロー）= 18,188百万円

第○期：24,452 +（△31,435）= △6,983百万円

　この指標は，第○期に減少している。原因をキャッシュ・フロー計算書でみると，投資活動によるキャッシュ・フローが大きくなったこと，すなわち積極投資を行ったことによるものとわかる。☞

◆ホ．売上高営業キャッシュ・フロー比率

第×期： $\dfrac{23,680（営業活動によるキャッシュ・フロー）}{408,848（売上高）+849} \times 100 = 5.8\%$

第○期： $\dfrac{24,452}{437,775+937} \times 100 = 5.6\%$

　この比率は，第×期の方がわずかに高い。これは，第×期の方が売上高から自由にできる資金が多く，安全度が高かったことを表している。

☞ **商人の眼**

投資活動によるキャッシュ・フローが増加した原因も分析する必要がある。なぜなら，投資の拡大は将来の活動の拡大につながるからである。

◆マ．当期純利益キャッシュ・フロー比率

第×期： $\dfrac{6,427（キャッシュ・フロー）}{34,131（当期純利益）} \times 100 = 18.8\%$

第○期： $\dfrac{△19,731}{22,693} \times 100 = △86.9\%$

　第○期に悪化しているので，当期純利益に資金的な裏付けがあるのかについては注意が必要である。☞

☞ **投資家の眼**

配当性向の結果もあわせてみるべきである。

◆ミ．流動負債営業キャッシュ・フロー比率

第×期： $\dfrac{23,680（営業活動によるキャッシュ・フロー）}{53,574（流動負債）} \times 100 = 44.2\%$

第○期： $\dfrac{24,452}{63,048} \times 100 = 38.8\%$

　第×期の方が高かった。この指標から，第×期の方が流動負債を営業活動によるキャッシュ・フローから返済できる能力が高く，ここからは期間の資金の流れの面では第○期の安全性は相対的に低くなったといえ，(注)注意が必要である。なお，流動比率も第×期の方が良い。

（注）分母の流動負債を期中平均にすると，計算結果は以下のようになる。

第×期：

$\dfrac{23,680}{(49,843+53,574)\div2} \times 100$

= 45.8%

第○期：

$\dfrac{24,452}{(53,574+63,048)\div2} \times 100$

= 41.9%

## 4 企業価値の分析

### ◆ム. 1株当たり純資産

$$第 \times 期：\frac{195,189 \, 百万円（純資産）}{26.4 \, 百万株（発行済株式総数）} = 7,393.5 \, 円$$

$$第 \bigcirc 期：\frac{208,492 \, 百万円}{26.4 \, 百万株} = 7,897.4 \, 円$$

第〇期の方が1株当たり純資産の額が大きくなった。これは，現在株主にとっては好ましいことである。<sup>①</sup>

### ◆メ. 株価純資産倍率

$$第 \times 期：\frac{26,420 \, 円（株価）}{7,393.5 \, 円（1株当たり純資産）} = 3.6 \, 倍$$

$$第 \bigcirc 期：\frac{14,780 \, 円}{7,897.4 \, 円} = 1.9 \, 倍$$

1株当たり純資産では第〇期の方が高かった（→ム.）が，株価純資産倍率については第×期の方が高い。これは，良品計画は1株当たり純資産が増加したにも関わらず，株価が下落したことによる。<sup>②</sup>

### ◆モ. 株価収益率

$$第 \times 期：\frac{26,420 \, 円（株価）}{1,292.8 \, 円（1株当たり当期純利益）} = 20.4 \, 倍$$

$$第 \bigcirc 期：\frac{14,780 \, 円}{859.6 \, 円} = 17.2 \, 倍$$

1株当たり当期純利益（コ.）においては第〇期の方が小さく，それとともに株価は下落している。これは，市場が，当期純利益が減少していることへマイナスの評価を下したことを意味する。<sup>③</sup> ☞

### ◆ヤ. 配当利回り

$$第 \times 期：\frac{9,856 \, 百万円（配当金） \div （（26.4 \, 百万株（期首発行済株式総数）+ 26.4 \, 百万株（期末発行済株式総数））\div 2）}{26,420 \, 円（株価）}$$

$$\times 100 = 1.4\%$$

$$第 \bigcirc 期：\frac{9,964 \, 百万円 \div （（26.4 \, 百万株 + 26.4 \, 百万株）\div 2）}{14,780 \, 円} \times 100 = 2.6\%$$

この指標は，上昇している。つまり，配当という観点からは，投資家が良品計画の株を持ち続けることから得られるリターンは，第〇期の方が高いといえるだろう。<sup>④</sup> ☞

① 有価証券報告書に記載されている1株当たり純資産額は，第×期が725.83円，第〇期が775.77円（ともに株式分割が行われたと仮定した金額）である。

② 有価証券報告書上に記載されている1株当たり純資産額を用いて計算すると，第×期が3.6倍，第〇期が1.9倍である。

③ 有価証券報告書上に記載されている1株当たり当期純利益額を用いて計算すると，第×期が20.5倍，第〇期が16.7倍である。

☞ **投資家の眼**

キャッシュ・フローに関する指標（ヘ.～ミ.）が悪化したことも影響しているのかもしれない。

④ 有価証券報告書上に記載されている1株当たり配当額を用いて計算すると，第×期が1.5％，第〇期が1.4％である。

☞ **投資家の眼**

配当利回りが改善したのは，分子の1株当たり配当額はほとんど変わっていないのに対し，分母の株価が大きく減少したためである。

# 5 財務諸表分析に基づく短評

　以上，良品計画の第×期と第○期の収益性と安全性の主な指標をみてきた。

　収益性について，総資産当期純利益率（**ア.**）をはじめ，総資産経常利益率（**ウ.**）や営業資産営業利益率（**オ.**）など，当期の業績および営業活動の観点からは，悪化の傾向にあることがわかった。

　そこで，原因を探して，回転率と利益率に分けてみた結果，本業に関する回転率および利益率が，第○期に悪化していることが判明した。つまり，良品計画は第×期から第○期にかけて売上高（408,848→437,775）を増加させたが，それに見合う利益を必ずしも残せていなかったものと考えられる。

　一方，安全性の見地からは，流動比率（**チ.**）や当座比率（**ツ.**）などの短期の安全性の指標，総資産負債比率（**ト.**）や純資産負債比率（**ナ.**）などの長期の安全性に関する指標のいずれも悪化していた。前者に関してはキャッシュの減少および在庫の増加によるものである。そのことは，棚卸資産回転率（**ノ.**）やキャッシュ・フローを用いた指標（**ヘ. 〜ミ.**）の悪化にも表れている。後者に関しては，海外連結子会社が国際財務報告基準のリースに関する新基準を適用したことで，今まで貸借対照表に載らなかった固定資産および固定負債を計上したのが主な原因と考えられる。

　このように，収益性と安全性を総合的にみると，必ずしも第×期に比べて第○期の方がよいとはいえないことがわかる。この結果が，株価純資産倍率（**メ.**）や株価収益率（**モ.**）の減少，すなわち株式市場からの評価が低下していることに表れている。☞

　ただし，第×期と比較して第○期の収益性が低下した原因としては，減価償却費の上昇（9,867→17,622）が挙げられるが[①]，設備投資の結果，業績が悪くなったとも考えられるので，次期以降の業績回復が期待できる。

☞ **投資家の眼**

　株価下落の原因として，これ以外に，政治・経済動向など企業が直接コントロールできないものが影響している。これをとらえる，日経平均株価や東証株価指数（TOPIX）を観察することが考えられる。

①また，前期の特別利益の計上（投資有価証券売却益8,635）により，相対的に当期の業績が見劣りしたことも原因の一つである。なお，ここでは販売費及び一般管理費および特別利益の明細を連結財務諸表に記載していないが，これらを有価証券報告書から確認することで，より詳細な分析を行うことができる。

# 第5部
# 問題と解答

## 財務諸表表示上の作成問題

　次に，財務諸表表示上の作成問題を掲載した。実際に財務諸表を作成することにより，その内容を確認してほしい。ここでは，財務諸表項目と金額の成り立ちの大まかな把握を目標としている。

・解答用紙は，弊社 web サイトよりダウンロードしてご利用いただけます。

## 過去4回の試験問題

　会計実務検定試験の第10回，第11回，第12回および第13回の過去問題を掲載した。各自の理解の程度を確認してほしい。

・第0回から第9回までの会計実務検定試験問題については，全国商業高等学校協会 web サイトに掲載されています。
・模擬試験問題形式の補充問題については，弊社 web サイトよりダウンロードしてご利用いただけます。
　　https://www.jikkyo.co.jp/

次の資料（単位：百万円）により，連結貸借対照表を作成しなさい。

| | | | | | |
|---|---|---|---|---|---|
| 商 品 及 び 製 品 | 645,000 | リ ー ス 資 産（純 額） | 25,000 | 支 払 手 形 及 び 買 掛 金 | 180,000 |
| 資 本 金 | 150,000 | 現 金 及 び 預 金 | 91,300 | 土 地 | 375,000 |
| 投 資 有 価 証 券 | 12,000 | リ ー ス 債 務（長 期） | 25,000 | 非 支 配 株 主 持 分 | 50,000 |
| リ ー ス 債 務（短 期） | 5,000 | 自 己 株 式 | △180,000 | 退 職 給 付 に 係 る 負 債 | 48,000 |
| 短 期 借 入 金 | 160,000 | 建 物 及 び 構 築 物（純 額） | 480,000 | その他有価証券評価差額金 | 3,000 |
| 利 益 剰 余 金 | 900,000 | 受 取 手 形 及 び 売 掛 金 | 100,000 | 資 本 剰 余 金 | 150,000 |

連 結 貸 借 対 照 表
20X5 年 3 月 31 日　　　　　（単位：百万円）

資産の部
　流動資産
　　[　　　　　]　　　　（　　　　　　　）
　　[　　　　　]　　　　（　　　　　　　）
　　[　　　　　]　　　　（　　　　　　　）
　　　その他　　　　　　　　145,000
　　　貸倒引当金　　　　　　△20,000
　　　流動資産合計　　　（　　　　　　　）
　固定資産
　　有形固定資産
　　　[　　　　　]　　　（　　　　　　　）
　　　[　　　　　]　　　（　　　　　　　）
　　　[　　　　　]　　　（　　　　　　　）
　　　　その他（純額）　　　40,000
　　　　有形固定資産合計　（　　　　　　　）
　　無形固定資産　　　　　　75,000
　　投資その他の資産
　　　[　　　　　]　　　（　　　　　　　）
　　　　その他　　　　　　333,000
　　　　投資その他の資産合計（　　　　　　　）
　　　固定資産合計　　　（　　　　　　　）
　資産合計　　　　　　　（　　　　　　　）
負債の部
　流動負債
　　[　　　　　]　　　　（　　　　　　　）
　　[　　　　　]　　　　（　　　　　　　）
　　[　　　　　]　　　　（　　　　　　　）
　　　その他　　　　　　　300,000
　　　流動負債合計　　　（　　　　　　　）
　固定負債
　　[　　　　　]　　　　（　　　　　　　）
　　[　　　　　]　　　　（　　　　　　　）
　　　その他　　　　　　　515,000
　　　固定負債合計　　　（　　　　　　　）
　負債合計　　　　　　　（　　　　　　　）
純資産の部
　株主資本
　　[　　　　　]　　　　（　　　　　　　）
　　[　　　　　]　　　　（　　　　　　　）
　　[　　　　　]　　　　（　　　　　　　）
　　[　　　　　]　　　　　△180,000
　　　株主資本合計　　　　1,020,000
　その他の包括利益累計額
　　[　　　　　]　　　　（　　　　　　　）
　　　為替換算調整勘定①　　△5,500
　　　退職給付に係る調整累計額②　200
　　　その他の包括利益累計額合計（　　　　　　　）
　　新株予約権　　　　　　　600
　　[　　　　　]　　　　（　　　　　　　）
　　　純資産合計　　　　（　　　　　　　）
　負債純資産合計　　　　　2,301,300

①連結財務諸表の作成に
　あたって在外子会社を
　換算する際に生じた調
　整額

②退職給付負債の計上に
　あたって損益計算書に
　費用計上されなかった
　部分の調整額

次の資料（単位：百万円）により，連結損益計算書及び連結包括利益計算書を作成しなさい。

| | | | | | |
|---|---|---|---|---|---|
| 退 職 給 付 費 用 | 9,500 | 受 取 利 息 | 2,600 | 売 上 高 | 3,330,000 |
| 固 定 資 産 処 分 損 | 900 | 固 定 資 産 売 却 益 | 450 | 親会社株主に係る包括利益 | 19,390 |
| 貸 倒 引 当 金 繰 入 額 | 1,800 | 法 人 税 等 調 整 額 | 3,500 | 給 与 手 当 | 225,000 |
| その他有価証券評価差額金 | 2,850 | 支 払 利 息 | 3,200 | 売 上 原 価 | 2,450,000 |
| 減 価 償 却 費 | 42,000 | 広 告 宣 伝 費 | 60,000 | | |

※貸倒引当金繰入額は売上債権に対するものである。

連 結 損 益 計 算 書

自　20X4 年 4 月 1 日　　至　20X5 年 3 月 31 日　（単位：百万円）

| | | |
|---|---|---|
| [　　　　　　　] | （　　　　　　） | |
| [　　　　　　　] | （　　　　　　） | |
| [　　　　　　　] | （　　　　　　） | |
| 販売費及び一般管理費 | | |
| [　　　　　　　] | （　　　　　　） | |
| [　　　　　　　] | （　　　　　　） | |
| [　　　　　　　] | （　　　　　　） | |
| [　　　　　　　] | （　　　　　　） | |
| [　　　　　　　] | （　　　　　　） | |
| その他 | 501,000 | |
| 販売費及び一般管理費合計 | （　　　　　　） | |
| [　　　　　　　] | （　　　　　　） | |
| 営業外収益 | | |
| [　　　　　　　] | （　　　　　　） | |
| 仕入割引① | 12,500 | |
| その他 | 30,000 | |
| 営業外収益合計 | （　　　　　　） | |
| 営業外費用 | | |
| [　　　　　　　] | （　　　　　　） | |
| その他 | 10,550 | |
| 営業外費用合計 | （　　　　　　） | |
| [　　　　　　　] | （　　　　　　） | |
| 特別利益 | | |
| [　　　　　　　] | （　　　　　　） | |
| その他 | 6,400 | |
| 特別利益合計 | （　　　　　　） | |
| 特別損失 | | |
| [　　　　　　　] | （　　　　　　） | |
| その他 | 28,500 | |
| 特別損失合計 | （　　　　　　） | |
| [　　　　　　　] | （　　　　　　） | |
| 法人税，住民税及び事業税 | 27,850 | |
| [　　　　　　　] | （　　　　　　） | |
| 法人税等合計 | （　　　　　　） | |
| [　　　　　　　] | （　　　　　　） | |
| 非支配株主に帰属する当期純利益 | 1,150 | |
| [　　　　　　　] | （　　　　　　） | |

①仕入代金を約束より早く支払ったことにより受けた仕入代金の減額による利益。

なお，家電量販店など現金売上が大きい企業では，この現金により買掛金を早期に支払い，この恩恵を受ける場合が多い。

連 結 包 括 利 益 計 算 書

自　20X4 年 4 月 1 日　　至　20X5 年 3 月 31 日　（単位：百万円）

| | | |
|---|---|---|
| 当期純利益 | 18,150 | |
| その他の包括利益 | | |
| [　　　　　　　] | （　　　　　　） | |
| 為替換算調整勘定 | △2,600 | |
| 退職給付に係る調整額 | 2,300 | |
| その他の包括利益合計 | （　　　　　　） | |
| [　　　　　　　] | 20,700 | |
| （内訳） | | |
| [　　　　　　　] | （　　　　　　） | |
| 非支配株主に係る包括利益 | 1,310 | |

次の資料（単位：百万円）により，連結株主資本等変動計算書を作成しなさい。

| | | |
|---|---|---|
| その他有価証券評価差額金の当期変動額（純額） 2,700 | 剰余金の配当 △10,700 | 親会社株主に帰属する当期純利益 19,900 |
| 自己株式の取得 △100,000 | 為替換算調整勘定の当期変動額（純額）△2,800 | 新株予約権の当期変動額 300 |
| 非支配株主持分の当期変動額（純額）△100 | 退職給付に係る調整累計額の当期変動額（純額）2,200 | 自己株式の処分（処分差損益なし）200 |

## 連結株主資本等変動計算書

自 20X4年4月1日 至 20X5年3月31日

（単位：百万円）

| | 株主資本 | | | | | その他の包括利益累計額 | | | | 新株予約権 | 非支配株主持分 | 純資産合計 |
| | 資本金 | 資本剰余金 | 利益剰余金 | 自己株式 | 株主資本合計 | その他有価証券評価差額金 | 為替換算調整勘定 | 退職給付に係る調整累計額 | その他の包括利益累計額合計 | | | |
|---|---|---|---|---|---|---|---|---|---|---|---|---|
| 当期首残高 | 150,000 | 140,000 | 890,800 | △90,000 | 1,090,800 | 300 | △2,700 | △2,000 | △4,400 | 300 | 50,100 | 1,136,800 |
| 当期変動額 | | | | | | | | | | | | |
| 　剰余金の配当 | | | △10,700 | | △10,700 | | | | | | | △10,700 |
| 　親会社株主に帰属する当期純利益 | | | 19,900 | | 19,900 | | | | | | | 19,900 |
| 　自己株式の取得 | | | | △100,000 | △100,000 | | | | | | | △100,000 |
| 　自己株式の処分 | | | | 200 | 200 | | | | | | | 200 |
| 　株主資本以外の項目の当期変動額（純額） | | | | | | 2,700 | △2,800 | 2,200 | 2,100 | 300 | △100 | 2,300 |
| 当期変動額合計 | | | 9,200 | △99,800 | △90,600 | 2,700 | △2,800 | 2,200 | 2,100 | 300 | △100 | △88,300 |
| 当期末残高 | 150,000 | 140,000 | 900,000 | △189,800 | 1,000,200 | 3,000 | △5,500 | 200 | △2,300 | 600 | 50,000 | 1,048,500 |

次の資料（単位：百万円）により，連結キャッシュ・フロー計算書（間接法）を作成しなさい。利息及び配当金の受取額と利息の支払額は営業活動によるキャッシュ・フローの区分に計上する方法によること。

| | | | | | |
|---|---|---|---|---|---|
| 売 上 債 権 の 増 減 額 | 12,500 | 仕 入 債 務 の 増 減 額 | △56,000 | 投資有価証券の売却及び償還による収入 | 13,000 |
| 利息及び配当金の受取額 | 850 | 受取利息及び受取配当金 | △2,900 | 貸 倒 引 当 金 の 増 減 額 | 2,150 |
| 短 期 借 入 金 の 純 増 減 額 | 1,750 | 現金及び現金同等物に係る換算差額 | 1,350 | 利 息 の 支 払 額 | △3,300 |
| リース債務の返済による支出 | △5,000 | 配 当 金 の 支 払 額 | △10,700 | 自己株式の取得による支出 | △100,000 |
| 支 払 利 息 | 3,200 | 無形固定資産の取得による支出 | △1,900 | た な 卸 資 産 の 増 減 額 | 17,500 |
| 有形固定資産の取得による支出 | △57,000 | 減 価 償 却 費 | 42,000 | 法 人 税 等 の 支 払 額 | △54,500 |

連 結 キ ャ ッ シ ュ ・ フ ロ ー 計 算 書

自 20X4 年 4 月 1 日 至 20X5 年 3 月 31 日 　　　　　　（単位：百万円）

| 営業活動によるキャッシュ・フロー | | |
|---|---|---|
| 　税金等調整前当期純利益 | | 49,500 |
| 　[　　　　　　　　　] | ( | ) |
| 　[　　　　　　　　　] | ( | ) |
| 　[　　　　　　　　　] | ( | ) |
| 　[　　　　　　　　　] | ( | ) |
| 　[　　　　　　　　　] | ( | ) |
| 　[　　　　　　　　　] | ( | ) |
| 　その他 | | 32,100 |
| 　小計 | | 100,050 |
| 　[　　　　　　　　　] | ( | ) |
| 　[　　　　　　　　　] | ( | ) |
| 　[　　　　　　　　　] | | △54,500 |
| 　営業活動によるキャッシュ・フロー | ( | ) |
| 投資活動によるキャッシュ・フロー | | |
| 　[　　　　　　　　　] | ( | ) |
| 　[　　　　　　　　　] | ( | ) |
| 　[　　　　　　　　　] | | 13,000 |
| 　その他 | | 5,200 |
| 　投資活動によるキャッシュ・フロー | ( | ) |
| 財務活動によるキャッシュ・フロー | | |
| 　[　　　　　　　　　] | ( | ) |
| 　[　　　　　　　　　] | | △100,000 |
| 　リース債務の返済による支出 | ( | ) |
| 　[　　　　　　　　　] | | △10,700 |
| 　その他 | | 31,000 |
| 　財務活動によるキャッシュ・フロー | ( | ) |
| 現金及び現金同等物に係る換算差額① | | 1,350 |
| 現金及び現金同等物の増減額 | ( | ) |
| 現金及び現金同等物の期首残高 | | 155,500 |
| 現金及び現金同等物の期末残高 | ( | ) |

①外貨および外貨預金ならびに外貨による現金同等物の換算調整額

# 令和5年度　第15回　財務諸表分析検定試験

【1】　次の(1)～(5)について，下線部が正しいものには〇を，誤っているものは正しい用語を解答欄に記入しなさい。ただし，すべてに〇を解答欄に記入した場合は5問全部を無効とする。
　　　なお，正しい用語は漢字で記入すること。
　(1)　財務諸表分析の方法で，実際の数値をみて企業を評価する方法を<u>実際分析</u>という。
　(2)　営業活動によるキャッシュ・フローの開示については，直接法と<u>間接法</u>の2つの方法がある。
　(3)　企業のキャッシュ・フロー（現金及び現金同等物の増減額）を損益計算書の<u>営業利益</u>で割った指標は，利益の処分可能性を判断するための重要な指標である。
　(4)　<u>金融商品取引法</u>では，財務諸表を計算書類という。
　(5)　手持ち現金を用いた自社株買いによって，貸借対照表における株主資本の割合を減らすと，株主資本当期純利益率は<u>高く</u>なる。

【2】　総合商社X社の要約貸借対照表の資料により，次の設問に答えなさい。なお，計算上端数が生じた場合は，％の小数点第2位を四捨五入し，第1位まで解答すること。

〈資　料〉

X社の要約貸借対照表　　　　　　　　　　　　　　　　（単位：百万円）

| 資産の部 | | 負債の部 | |
|---|---:|---|---:|
| 流動資産 | | 流動負債 | |
| 　現金及び預金 | 700 | 　支払手形及び買掛金並びに | 1,800 |
| 　受取手形及び売掛金並びに | 1,600 | 　電子記録債務 | |
| 　電子記録債権 | | 　短期借入金 | 3,000 |
| 　棚卸資産 | 2,500 | 固定負債 | |
| 固定資産 | | 　長期借入金 | 2,500 |
| 　建物 | 2,000 | 純資産の部 | |
| 　備品 | 1,200 | 株主資本 | |
| 　土地 | 3,000 | 　資本金 | 2,000 |
| | | 　資本剰余金 | 1,000 |
| | | 　利益剰余金 | 700 |
| 資産合計 | 11,000 | 負債純資産合計 | 11,000 |

　問1　X社の流動比率，固定長期適合率及び純資産負債比率を計算しなさい。
　問2　X社は事業拡張のため，事業所用に新しい建物1,000百万円（耐用年数50年）を購入する投資計画を予定しており，そのための資金調達をどのように行えばよいかを検討している。経営者は企業の投資計画にあたり，財政状態に与える影響も考えている。これに関する下記の各案の文章中の①から③の【　　】欄にあてはまる適切な記号を解答欄に記入しなさい。
　　A案：X社が，金融機関からの短期借入れにより，建物を購入すれば，
　　　　流動比率は①【a. 良くなる　b. 悪くなる　c. 変わらない】。
　　　　固定長期適合率は②【a. 良くなる　b. 悪くなる　c. 変わらない】。
　　　　純資産負債比率は③【a. 良くなる　b. 悪くなる　c. 変わらない】。
　　B案：X社が，金融機関からの長期借入れにより，建物を購入すれば，
　　　　流動比率は①【a. 良くなる　b. 悪くなる　c. 変わらない】。
　　　　固定長期適合率は②【a. 良くなる　b. 悪くなる　c. 変わらない】。
　　　　純資産負債比率は③【a. 良くなる　b. 悪くなる　c. 変わらない】。
　　C案：X社が，社債の発行（償還期限10年）により，建物を購入すれば，
　　　　流動比率は①【a. 良くなる　b. 悪くなる　c. 変わらない】。
　　　　固定長期適合率は②【a. 良くなる　b. 悪くなる　c. 変わらない】。
　　　　純資産負債比率は③【a. 良くなる　b. 悪くなる　c. 変わらない】。
　　D案：X社が，新株の発行により，建物を購入すれば，
　　　　流動比率は①【a. 良くなる　b. 悪くなる　c. 変わらない】。
　　　　固定長期適合率は②【a. 良くなる　b. 悪くなる　c. 変わらない】。
　　　　純資産負債比率は③【a. 良くなる　b. 悪くなる　c. 変わらない】。

問3　問2のＡ案からＤ案をもとに，資金管理の観点からみて，次のアからエの【　　】欄にあてはまる適切な記号を解答欄に記入しなさい。

　　ア．Ａ案を採用すると，安全性に関して
　　　　【a．短期の支払能力に悪影響が出る　b．短期の支払能力に悪影響は出ないが，長期の支払能力に悪影響が出る　c．悪影響は出ない】。
　　イ．Ｂ案を採用すると，安全性に関して
　　　　【a．短期の支払能力に悪影響が出る　b．短期の支払能力に悪影響は出ないが，長期の支払能力に悪影響が出る　c．悪影響は出ない】。
　　ウ．Ｃ案を採用すると，安全性に関して
　　　　【a．短期の支払能力に悪影響が出る　b．短期の支払能力に悪影響は出ないが，長期の支払能力に悪影響が出る　c．悪影響は出ない】。
　　エ．Ｄ案を採用すると，安全性に関して
　　　　【a．短期の支払能力に悪影響が出る　b．短期の支払能力に悪影響は出ないが，長期の支払能力に悪影響が出る　c．悪影響は出ない】。

【3】〈資　料〉に示したグラフおよび財務諸表により，次の問1から問5に答えなさい。
　　　なお，解答にあたっては以下の事項に留意すること。
　1．各分析指標の数値は，算出結果のみを解答すること。（計算式は不要）
　2．各分析指標の数値は，％または回の小数点第2位を四捨五入し，第1位まで解答すること。ただし，小数点第1位の数値がないときは，例えば，9.0％のように解答すること。
　3．マイナスの場合には，数値の前に「△」をつけること。例えばマイナス5.3％の場合は「△5.3％」と解答すること。
　4．当期純利益は，非支配株主に帰属する当期純利益を控除する前の金額を用いること。
　5．使用資産は，資産合計から建設仮勘定を差し引いた金額を用いること。
　6．営業資産は，資産合計から建設仮勘定および投資その他の資産を差し引いた金額を用いること。

問1　大手外食チェーン店Ａ社の×4年（前期）および×5年（当期）の収益性に関する次のaからfの分析指標を求め，〈資　料〉に示したグラフの①から⑫に入る数値を答えなさい。
　　a　総資産当期純利益率
　　b　総資産経常利益率
　　c　営業資産営業利益率
　　d　総収益当期純利益率
　　e　売上高売上総利益率
　　f　売上高営業利益率

問2　次の《Ａ社の経営成績の概況および収益性に関する考察》の視点に基づき，×4年（前期）および×5年（当期）の収益性について判断しなさい。なお，文章中の（　①　）から（　⑩　）には，適切な語句・分析指標名・金額・数値を右上の〔解答群〕から記号を選び答えなさい。

《Ａ社の経営成績の概況および収益性に関する考察》
　　大手外食チェーンのＡ社は，幅広い年齢層に人気があり，堅実な経営を続けてきたが，×3年に新型コロナウイルス感染症の影響により200以上の店舗が1か月にわたり休業を余儀なくされた。×4年（前期）に入っても時短営業や酒類販売制限などで厳しい状況は続いた。×5年（当期）になると，まん延防止等重点措置が解除され客数は回復基調となっている。
　　×5年（当期）は，売上高が144,275百万円と×4年（前期）の売上高より（　①　）百万円増加した。この×5年（当期）の売上高は，新型コロナウイルス感染症流行前の×2年の売上高の92.2％まで回復した。また，a．×5年（当期）の当期純利益も5,667百万円と×2年を越える利益をあげており，当期純利益だけ見ると完全に新型コロナウイルス感染症の影響から回復したように見えるが，営業利益は424百万円にとどまっている。
　　まず損益計算書を用いた指標で分析してみる。企業の全体的な利益率を見る指標である（　②　）は，×5年（当期）は×4年（前期）に比べて上昇しており，〈資　料〉のグラフを見てもＶ字回復がうかがえる。さらに，企業が行う投資活動や財務活動も含めた業務活動のよしあしを判断する指標である経常収益経常利益率も×4年（前期）が（　③　）％で×5年（当期）が（　④　）％と上昇した。しかし，企業の主たる活動つまり販売活動でどのくらいもうけたかを判断する（　⑤　）は，×4年（前期）のマイナス数値からは脱却したが，数値は1％にも満たない。また，粗利率ともよばれる（　⑥　）は，×5年（当期）は×4年（前期）と比較して（　⑦　）している。
　　次にb．損益計算書と貸借対照表を用いた指標で分析してみる。総資産当期純利益率は，しばしば（　⑧　）と表示され，資産をどれくらい有効に使用したかが示される指標であるが，×4年（前期）に比べて×5年（当期）は上昇した。また，企業が実際に使用している資産の収益性を評価する

（　⑨　）や企業の主たる活動いわゆる営業の業績が判定される（　⑩　）も×4年（前期）より×5年（当期）の方が上昇している。

　　このようにA社の経営成績は，×4年（前期）と比較して徐々に回復してきているが，新型コロナウイルス感染症の影響から完全に立ち直るかどうかは今後の財務諸表を注視する必要がある。

〔解答群〕

| ア．株主資本当期純利益率 | イ．総収益当期純利益率 | ウ．売上高売上原価率 |
|---|---|---|
| エ．売上高営業利益率 | オ．営業資産営業利益率 | カ．使用資産経常利益率 |
| キ．売上高売上総利益率 | ク．売上債権回転率 | ケ．原価率 |
| コ．適合率 | サ．ROA | シ．ROE |
| ス．PBR | セ．上昇 | ソ．低下 |
| タ．126,513 | チ．17,762 | ツ．17,726 |
| テ．10,899 | ト．6.9 | ナ．7.5 |
| ニ．2.6 | ヌ．2.7 | |

　問3　問2の下線部bについて，損益計算書と貸借対照表を用いた指標は，それぞれ×4年（前期）に比べ×5年（当期）は上昇している。そこで上昇した原因を詳しく分析してみることにした。なお，下記の《指標上昇の詳細な分析》の文章中の（　1　）・（　2　）には，適切な指標を下の〔解答群〕から記号を選び，①②③の【　　】欄については，a. b. c. のうち適切な語句の記号を解答欄に記入しなさい。なお，解答にあたっては，小数点第1位までの数値で判断すること。また，番号が同じ（　　　）の中には，同じ語句が入る。

《指標上昇の詳細な分析》

　　損益計算書と貸借対照表を用いた指標は，回転率と利益率に分解することができる。例えば問1で求めた営業資産営業利益率は，売上高を用いると（　1　）と（　2　）に分解することができる。その結果を以下のような表にまとめてみた。

| | 営業資産営業利益率 | （　1　） | （　2　） |
|---|---|---|---|
| ×4年（前期） | ※　　　　% | ※　　　　回 | ※　　　　% |
| ×5年（当期） | ※　　　　% | ※　　　　回 | ※　　　　% |

（※の部分は，計算した数値が入る）

　　指標を計算してみると，（　1　）は×4年（前期）と比べて×5年（当期）は①【a. 上昇し　b. 低下し　c. 横ばいであり】，（　2　）は×4年（前期）と比べて×5年（当期）は②【a. 上昇した　b. 低下した　c. 横ばいであった】。以上のことからA社の収益性回復の要因は，③【a. 回転率　b. 利益率　c. 分配率】にあることがわかった。

〔解答群〕

| ア．売上高売上総利益率 | イ．営業資産回転率 | ウ．売上高売上原価率 |
|---|---|---|
| エ．売上高営業利益率 | オ．売上高経常利益率 | カ．使用資産回転率 |

　問4　問2の網掛け部aについて，×5年（当期）のA社の営業利益が少なく，当期純利益が大きくなった原因について説明している下のア～エの文章のうち，原因として誤っていると思われるものはどれか，〔解答群〕から1つ選んで記号で答えなさい。

〔解答群〕

　ア．新型コロナウイルス感染症の流行のため，休業支援金や雇用調整助成金等の補助金が，×4年（前期）より×5年（当期）の方が多く支給されたため。

　イ．ウクライナ侵攻など世界的政情不安にともない，エネルギー価格の高騰や食材の値上げが相次ぎ，売上高売上原価率が×5年（当期）は上昇したため。

　ウ．日米の2年物国債利回り，10年債利回りなどの金利差が原因で，円高が急速に進み，為替差損益が生じたため。

　エ．×5年（当期）は，約20,000品目をこえる生活用品や食料品などの値上げが相次ぎ，従業員に一時的にインフレ手当を支給し，売上高販売費及び一般管理費率が上昇したため。

　問5　問2の《A社の経営成績の概況および収益性に関する考察》および〈資　料〉からA社の新型コロナウイルス感染症流行前の×2年の営業利益の概算額を計算しなさい。ただし，計算上端数が生じる場合は，計算の最終段階で百万円未満を四捨五入すること。

〈資　料〉

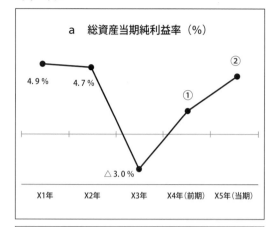

a　総資産当期純利益率（％）

4.9％　4.7％　△3.0％　①　②

X1年　　X2年　　X3年　　X4年（前期）　X5年（当期）

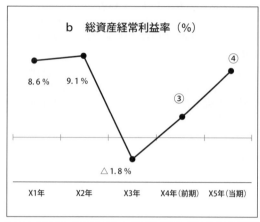

b　総資産経常利益率（％）

8.6％　9.1％　△1.8％　③　④

X1年　　X2年　　X3年　　X4年（前期）　X5年（当期）

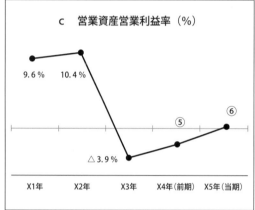

c　営業資産営業利益率（％）

9.6％　10.4％　△3.9％　⑤　⑥

X1年　　X2年　　X3年　　X4年（前期）　X5年（当期）

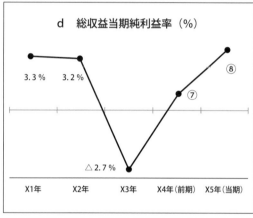

d　総収益当期純利益率（％）

3.3％　3.2％　△2.7％　⑦　⑧

X1年　　X2年　　X3年　　X4年（前期）　X5年（当期）

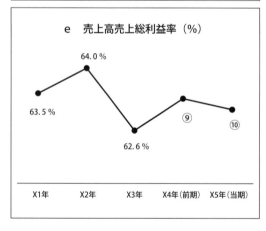

e　売上高売上総利益率（％）

64.0％　63.5％　62.6％　⑨　⑩

X1年　　X2年　　X3年　　X4年（前期）　X5年（当期）

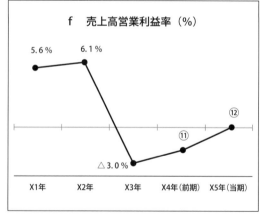

f　売上高営業利益率（％）

5.6％　6.1％　△3.0％　⑪　⑫

X1年　　X2年　　X3年　　X4年（前期）　X5年（当期）

## 〈資　料〉

### A社の要約連結貸借対照表

（単位：百万円）

| | ×4年（前期） | ×5年（当期） | | ×4年（前期） | ×5年（当期） |
|---|---|---|---|---|---|
| 資産の部 | | | 負債の部 | | |
| 　流動資産 | | | 　流動負債 | | |
| 　　現金及び預金 | 55,542 | 60,279 | 　　買掛金 | 4,125 | 5,769 |
| 　　売掛金 | 550 | 1,102 | 　　短期借入金 | 10,000 | 0 |
| 　　有価証券 | 940 | 1,493 | 　　リース債務 | 4,338 | 5,779 |
| 　　商品及び製品 | 7,550 | 10,093 | 　　未払法人税等 | 746 | 2,160 |
| 　　原材料及び貯蔵品 | 1,368 | 1,512 | 　　賞与引当金 | 771 | 930 |
| 　　その他 | 4,315 | 4,470 | 　　その他 | 5,463 | 8,200 |
| 　　貸倒引当金 | △7 | △14 | 　　流動負債合計 | 25,443 | 22,838 |
| 　　流動資産合計 | 70,258 | 78,935 | 　固定負債 | | |
| 　固定資産 | | | 　　長期借入金 | 12,500 | 12,500 |
| 　　有形固定資産 | | | 　　退職給付に係る負債 | 984 | 1,114 |
| 　　　建物及び構築物（純額） | 25,952 | 25,666 | 　　リース債務 | 8,093 | 9,240 |
| 　　　機械装置及び運搬具（純額） | 1,516 | 1,527 | 　　資産除去債務 | 7,229 | 7,560 |
| 　　　工具,器具及び備品（純額） | 4,169 | 4,186 | 　　その他 | 152 | 149 |
| 　　　土地 | 6,938 | 6,991 | 　　固定負債合計 | 28,958 | 30,563 |
| 　　　リース資産（純額） | 4,320 | 5,900 | 　負債合計 | 54,401 | 53,401 |
| 　　　建設仮勘定 | 968 | 692 | 純資産の部 | | |
| 　　　その他 | 6,760 | 7,525 | 　株主資本 | | |
| 　　　有形固定資産合計 | 50,623 | 52,487 | 　　資本金 | 8,612 | 8,612 |
| 　　無形固定資産 | | | 　　資本剰余金 | 10,801 | 10,872 |
| 　　　ソフトウェア | 412 | 491 | 　　利益剰余金 | 68,343 | 73,114 |
| 　　　無形固定資産合計 | 412 | 491 | 　　自己株式 | △7,414 | △7,143 |
| 　　投資その他の資産 | | | 　　株主資本合計 | 80,342 | 85,455 |
| 　　　投資有価証券 | 259 | 279 | 　その他の包括利益累計額 | 2,570 | 8,430 |
| 　　　敷金及び保証金 | 10,337 | 10,550 | 　新株予約権 | 656 | 644 |
| 　　　長期貸付金 | 147 | 81 | 　純資産合計 | 83,568 | 94,529 |
| 　　　その他 | 5,945 | 5,119 | | | |
| 　　　貸倒引当金 | △12 | △12 | | | |
| 　　　投資その他の資産合計 | 16,676 | 16,017 | | | |
| 　　固定資産合計 | 67,711 | 68,995 | | | |
| 資産合計 | 137,969 | 147,930 | 負債純資産合計 | 137,969 | 147,930 |

### 追加情報　　　（単位：百万円）

| | |
|---|---|
| 前期首総資産 | 110,065 |
| 前期首営業資産 | 100,253 |
| 前期首使用資産 | 119,823 |

A社の要約連結損益計算書

(単位：百万円)

| | ×4年（前期） | ×5年（当期） |
|---|---|---|
| 売上高 | 126,513 | 144,275 |
| 売上原価 | 46,360 | 53,223 |
| 売上総利益 | 80,153 | 91,052 |
| 販売費及び一般管理費 | 82,417 | 90,628 |
| 営業利益 | △2,264 | 424 |
| 営業外収益 | | |
| 　受取利息 | 210 | 259 |
| 　為替差益 | 595 | 2,698 |
| 　補助金・助成金収入 | 5,152 | 7,869 |
| 　その他 | 444 | 194 |
| 　営業外収益合計 | 6,401 | 11,020 |
| 営業外費用 | | |
| 　支払利息 | 399 | 418 |
| 　支払手数料 | 45 | 50 |
| 　為替差損 | 0 | 0 |
| 　その他 | 238 | 199 |
| 　営業外費用合計 | 682 | 667 |
| 経常利益 | 3,455 | 10,777 |
| 特別利益 | | |
| 　固定資産売却益 | 0 | 32 |
| 　関係会社株式売却益 | 108 | 147 |
| 　その他 | 0 | 15 |
| 　特別利益合計 | 108 | 194 |
| 特別損失 | | |
| 　固定資産除却損 | 183 | 228 |
| 　減損損失 | 646 | 1,923 |
| 　店舗閉店損失 | 134 | 176 |
| 　その他 | 5 | 22 |
| 　特別損失合計 | 968 | 2,349 |
| 税金等調整前当期純利益 | 2,595 | 8,622 |
| 法人税，住民税及び事業税 | 1,325 | 2,132 |
| 法人税等調整額 | △498 | 823 |
| 法人税等合計 | 827 | 2,955 |
| 当期純利益 | 1,768 | 5,667 |
| 非支配株主に帰属する当期純利益 | 90 | 283 |
| 親会社株主に帰属する当期純利益 | 1,678 | 5,384 |

【4】 A社とB社の〈資料1〉・〈資料2〉により各問に答えなさい。

●A社の概要

　　総合文具業界のトップ。文具やオフィス用品の製造・販売がメイン。○○ネットなど，通販事業も行っている。オフィス家具の売り上げが一番大きい。

●B社の概要

　　1993年に事務機器メーカーから生まれ，その後B社に。現在は，☆☆ホールディングスの傘下になる。法人向けのオフィス用品の翌日配送サービスなど，通信販売で大きく成長した。

　　2017年に物流センターで火災事故が発生した。火災事故の影響により，サービスが滞り，甚大な被害を受けた。

問1　〈資料1〉のA社の要約決算短信の①〜③に入る適切な語句を〔解答群〕の中から選び，その記号を解答欄に記入しなさい。

〔解答群〕　ア　連結キャッシュ・フロー計算書　　イ　連結経営成績　　ウ　連結財政状態

問2　次の文章の　　　　の中に最もあてはまる語を〔解答群〕の中から選び，記号で答えなさい。なお，同じ記号を2回以上用いないこと。

　　　　決算短信（略称 短信）は，証券取引所が適時開示のルールに基づき，　a　が提出する共通形式の　b　であり，　c　と同じくインターネット上で入手できる。この情報は，実際の財務諸表分析において利用することができる。

〔解答群〕　ア　有価証券報告書　　イ　非上場企業　　ウ　決算速報　　エ　上場企業　　オ　会計帳簿

問3 〈資料2〉をみて下記の文章の ⬜ の中に最もあてはまる語を〔解答群〕の中から選びなさい。同じ記号（語句）を2回以上用いてもよい。なお，⑧・⑨・⑪・⑫は，％の小数点第2位を四捨五入し，第1位まで解答すること。ただし，小数点第1位の数値がないときは，例えば，10.0％のように解答すること。

○ 連結損益計算書の売上高を比較するとB社の方が大きいが，最終利益はA社の方が大きい。収益性の違いについて分析をすると，売上高売上総利益率・売上高営業利益率・経常収益経常利益率は ① の方が大きい。A社は文房具以外に，オフィス家具の製造なども手掛けており，付加価値の高い商品を扱っているからである。一方，B社はオリジナル商品もあるものの，メインは仕入販売である。よって，収益性は商品力の高い ② の方に軍配が上がる。

○ 連結損益計算書の売上高の規模は2社とも同じくらいの規模であるが，連結貸借対照表の総資産はずいぶんと違う。A社とB社のビジネスモデルから，それぞれA社は製造工場や機器，B社は物流施設が必須である。

連結貸借対照表の資産の内訳をみると，B社はA社と比較して ③ の割合が少ないうえ，④ が多く計上されている。B社は2017年物流倉庫の火災事故を契機に，土地や建物などの資産を保有しない方針にし，「持たざる経営」を目指しているからである。また，総資産回転率（総収益対総資産）を比較すると，⑤ の方が大きい。「製造業も行う」A社と，「通信販売が中心」のB社とでは違いが出て当然である。

○ 安全性を比較するために，自己資本比率（総資本に対する自己資本の割合を示すもの）を計算すると ⑥ の方が大きい。これは社歴が長いこともあって，⑦ がたっぷりたまっているからである。

○ 企業のキャッシュの流れからみてみると，売上高売上総利益率が損益計算書の「もうけの割合」をみた指標なのに対して，売上高営業キャッシュ・フロー比率は，「キャッシュで得たもうけの割合」をみる指標と考えられる。売上高営業キャッシュ・フロー比率を計算すると，A社は ⑧ ％，B社は ⑨ ％である。よって，⑩ の方が「キャッシュで得たもうけの割合」が高いと考えられる。

また，キャッシュ・フロー版当座比率ともいうべき，流動負債営業キャッシュ・フロー比率を計算すると，A社は ⑪ ％，B社は ⑫ ％である。よって，短期の安全性は，⑬ の方がよいと考えられる。

〔解答群〕
| | | | |
|---|---|---|---|
| ア A社 | イ B社 | ウ 無形固定資産 | エ 有形固定資産 |
| オ 新株予約権 | カ リース資産 | キ 資本剰余金 | ク 利益剰余金 |

〈資料1〉

A社の要約決算短信
**2019年12月期決算短信〔日本基準〕（連結）**

(百万円未満切り捨て)

1．2019年12月期の連結業績（2019年1月1日～2019年12月31日）

(1) 〔 ① 〕

| | 売上高 | 営業利益 | 経常利益 | 親会社株主に帰属する当期純利益 |
|---|---|---|---|---|
| | 百万円 | 百万円 | 百万円 | 百万円 |
| 2019年12月期 | 320,200 | 16,745 | 18,200 | 15,307 |
| 2018年12月期 | 315,155 | 18,296 | 19,178 | 14,231 |

| | 1株当たり当期純利益 | 潜在株式調整後1株当たり当期純利益 | 自己資本当期純利益率 | 総資産経常利益率 | 売上高営業利益率 |
|---|---|---|---|---|---|
| | 円 銭 | 円 銭 | ％ | ％ | ％ |
| 2019年12月期 | 129.39 | ― | 7.0 | 5.6 | 5.2 |
| 2018年12月期 | 120.34 | ― | 6.9 | 6.3 | 5.8 |

(2) 〔 ② 〕

| | 総資産 | 純資産 | 自己資本比率 | 1株当たり純資産 |
|---|---|---|---|---|
| | 百万円 | 百万円 | ％ | 円 銭 |
| 2019年12月期 | 321,468 | 221,278 | 68.8 | 1,854.91 |
| 2018年12月期 | 303,700 | 208,962 | 68.2 | 1,751.69 |

(3) 〔 ③ 〕の状況

| | 営業活動によるキャッシュ・フロー | 投資活動によるキャッシュ・フロー | 財務活動によるキャッシュ・フロー | 現金及び現金同等物期末残高 |
|---|---|---|---|---|
| | 百万円 | 百万円 | 百万円 | 百万円 |
| 2019年12月期 | 21,789 | 2,563 | △15,059 | 65,565 |
| 2018年12月期 | 20,880 | △2,427 | △4,585 | 82,324 |

## ２．配当の状況

| | 第1四半期末 | 第2四半期末 | 第3四半期末 | 期末 | 合計 | 配当金総額 | 配当性向(連結) | 純資産配当(連結) |
|---|---|---|---|---|---|---|---|---|
| | 円　銭 | 円　銭 | 円　銭 | 円　銭 | 円　銭 | 百万円 | 円　銭 | ％ |
| 2019年12月期 | — | 16.00 | — | 16.00 | 32.00 | 3,784 | 26.6 | 1.9 |
| 2018年12月期 | — | 18.50 | — | 20.50 | 39.00 | 4,613 | 30.1 | 2.2 |
| 2020年12月期（予想） | — | 22.50 | — | 22.50 | 45.00 | | 34.6 | |

## ３．2020年12月期の連結業績予想（2020年1月1日～2020年12月31日）

| | 売上高 | | 営業利益 | | 経常利益 | | 親会社株主に帰属する当期純利益 | | 1株当たり当期利益 |
|---|---|---|---|---|---|---|---|---|---|
| | 百万円 | ％ | 百万円 | ％ | 百万円 | ％ | 百万円 | ％ | 円　銭 |
| 第2四半期(累計) | 176,000 | 5.0 | 12,100 | 4.1 | 121,700 | 0.6 | 8,700 | △10.0 | 73.55 |
| 通期 | 334,000 | 4.3 | 17,400 | 3.9 | 18,500 | 1.7 | 15,400 | 0.6 | 130.20 |

〈資料2〉

### 要約連結損益計算書

（単位：百万円）

| | A社 2019年12月期 | B社 2019年12月期 |
|---|---|---|
| 売上高 | 320,200 | 400,376 |
| 売上原価 | 206,265 | 304,692 |
| 売上総利益 | 113,935 | 95,684 |
| 販売費及び一般管理費 | 97,190 | 86,862 |
| 営業利益 | 16,745 | 8,822 |
| 営業外収益 | 2,711 | 400 |
| 営業外費用 | 1,256 | 606 |
| 経常利益 | 18,200 | 8,616 |
| 特別利益 | 4,114 | 2 |
| 特別損失 | 689 | 197 |
| 税金等調整前当期純利益 | 21,625 | 8,421 |
| 法人税等合計 | 6,235 | 2,750 |
| 当期純利益 | 15,390 | 5,671 |
| 非支配株主に帰属する当期純利益 | 83 | 56 |
| 親会社株主に帰属する当期純利益 | 15,307 | 5,615 |

### 要約連結貸借対照表

（単位：百万円）

| | A社 2019年12月期 | B社 2019年12月期 | | A社 2019年12月期 | B社 2019年12月期 |
|---|---|---|---|---|---|
| 資産の部 | | | 負債の部 | | |
| 流動資産 | | | 流動負債 | 77,004 | 87,374 |
| 　現金及び預金 | 65,565 | 63,260 | 固定負債 | | |
| 　受取手形及び売掛金 | 64,672 | 38,701 | 　長期借入金 | 8,389 | 13,679 |
| 　商品及び製品 | 28,949 | 16,582 | 　長期預り保証金 | 5,567 | — |
| 　仕掛品 | 1,468 | — | 　リース債務 | — | 11,879 |
| 　原材料及び貯蔵品 | 3,676 | 257 | 　その他 | 9,230 | 8,354 |
| 　その他 | 23,310 | 11,656 | 　固定負債合計 | 23,186 | 33,912 |
| 　流動資産合計 | 187,640 | 130,456 | 負債合計 | 100,190 | 121,286 |
| 固定資産 | | | 純資産の部 | | |
| 　有形固定資産 | | | 　株主資本 | | |
| 　　建物及び構築物* | 18,716 | 5,166 | 　　資本金 | 15,847 | 21,189 |
| 　　機械装置及び運搬具* | 5,464 | 2,255 | 　　資本剰余金 | 18,105 | 24,220 |
| 　　土地 | 31,595 | 137 | 　　利益剰余金 | 183,313 | 23,769 |
| 　　リース資産 | — | 13,003 | 　　自己株式 | △14,322 | △16,718 |
| 　　その他 | 4,150 | 1,309 | 　　株主資本合計 | 202,943 | 52,460 |
| 　　有形固定資産合計 | 59,925 | 21,870 | 　その他の包括利益累計額 | 16,470 | △26 |
| 　無形固定資産 | 10,600 | 10,574 | 　新株予約権 | — | 6 |
| 　投資その他の資産 | 63,303 | 11,208 | 　非支配株主持分 | 1,865 | 382 |
| 　固定資産合計 | 133,828 | 43,652 | 純資産合計 | 221,278 | 52,822 |
| 資産合計 | 321,468 | 174,108 | 負債純資産合計 | 321,468 | 174,108 |

＊減価償却累計額を差し引いた純額。

追加情報

（単位：百万円）

| | A社 | B社 |
|---|---|---|
| 当期首総資産 | 324,566 | 169,112 |

要約連結キャッシュ・フロー計算書

（単位：百万円）

| | A社 | B社 |
|---|---|---|
| | 2019年12月期 | 2019年12月期 |
| 営業活動によるキャッシュフロー | ? | 16,609 |
| 投資活動によるキャッシュフロー | ? | △6,055 |
| 財務活動によるキャッシュフロー | ? | △4,761 |
| その他 | — | — |
| 現金及び現金同等物の増減額（△は減少） | 9,293 | 5,793 |
| 現金及び現金同等物の期首残高 | 56,272 | 57,467 |
| 現金及び現金同等物の期末残高 | ? | 63,260 |

【5】　投資家が株式の投資判断をする指標について〈資　料〉により，次の設問に答えなさい。
　　　なお，計算上端数が生じた場合は，小数点第2位を四捨五入し，第1位まで解答すること。ただし，小数点第1位の数値がないときは，例えば，9.0% のように解答すること。

〈資　料〉

| | A社 | B社 |
|---|---|---|
| 株価（1株当たり） | 3,000円 | 2,500円 |
| 期末発行済株式総数 | 1,000百万株 | 600百万株 |
| 当期純利益 | 126,000百万円 | 84,000百万円 |
| 純資産 | 580,000百万円 | 480,000百万円 |
| 配当金総額 | 18,000百万円 | 19,500百万円 |

※1　A社・B社の期首発行済株式総数は，期末と同じである。
　　　なお，前期末純資産額はA社480,000百万円，B社210,000百万円である。
※2　自己株式は含まれていない。
※3　株を購入する際の手数料は考えなくてよい。
※4　純資産＝株主資本とする。

問1　A社とB社のBPS及びEPSの指標(1)～(4)の数値を求めなさい。

問2　A社とB社のPBR及びPERの指標(1)～(4)の数値とROE，配当利回り及び配当性向の指標(5)～(10)の数値を求めなさい。
　　　また，指標の数値にもとづき　1　から　11　の中に入る最も適当な語句を下の〔解答群〕の中から選び，その記号を解答欄に記入しなさい。同じ記号を2回以上用いてもよい。
　　　投資家が，A社とB社のどちらの株を購入するかを判断するために，割安であるか，高い収益性であるか，高い配当割合であるかをもとに指標を分析比較して，判断していくことにした。
　　　PBRの指標を分析比較すると，A社よりB社の方が　1　ため，相対的にA社の方が株価が　2　と判断される。また，PERの指標を分析比較すると，A社よりB社の方が　3　ため，相対的にA社の方が株価が　4　と判断される。
　　　株主の立場から株主の投資した資本が効率的に運用されているかをROEの指標により分析比較すると，A社よりB社の方が　5　ため，相対的にA社の方が収益性が　6　と判断される。
　　　配当利回りは，　7　に対する1株当たり配当金の割合であり投資効率をみる指標である。配当利回りを分析比較すると，A社よりB社の方が　8　ため，相対的にA社の方が配当という観点からの投資効率が　9　と判断される。
　　　配当は，株主への利益の還元であるから，配当性向が　10　方が株主にとって好ましい。しかし，利益は社内に留保され，将来，この留保資金の運用により利益が上がることが考えられる。このことから，配当性向が低い方が現在株主にとって望ましいこともある。
　　　以上のことから，総合的にみると，　11　の方の株を購入すべきであると判断される。

〔解答群〕

| | | | | |
|---|---|---|---|---|
| ア．A社 | イ．B社 | ウ．売上 | エ．受取利息 | オ．当期純利益 |
| カ．株価 | キ．高い | ク．低い | ケ．割高 | コ．割安 |

# 令和5年度（第15回）財務諸表分析

# 解 答 用 紙

**【1】**

| （1） | （2） | （3） | （4） | （5） |
|---|---|---|---|---|
| | | | | |

**【2】** 問1

| | |
|---|---|
| 流　動　比　率 | ％ |
| 固 定 長 期 適 合 率 | ％ |
| 純 資 産 負 債 比 率 | ％ |

問2

| | ① | ② | ③ |
|---|---|---|---|
| A案 | | | |
| B案 | | | |
| C案 | | | |
| D案 | | | |

問3

| ア | イ | ウ | エ |
|---|---|---|---|
| | | | |

**【3】** 問1

| | 分析指標名 | ×4年（前期） | ×5年（当期） |
|---|---|---|---|
| a | 総 資 産 当 期 純 利 益 率 | ① ％ | ② ％ |
| b | 総 資 産 経 常 利 益 率 | ③ ％ | ④ ％ |
| c | 営 業 資 産 営 業 利 益 率 | ⑤ ％ | ⑥ ％ |
| d | 総 収 益 当 期 純 利 益 率 | ⑦ ％ | ⑧ ％ |
| e | 売 上 高 売 上 総 利 益 率 | ⑨ ％ | ⑩ ％ |
| f | 売 上 高 営 業 利 益 率 | ⑪ ％ | ⑫ ％ |

問2

| ① | ② | ③ | ④ | ⑤ |
|---|---|---|---|---|
| | | | | |
| ⑥ | ⑦ | ⑧ | ⑨ | ⑩ |
| | | | | |

問3

| 1 | 2 |
|---|---|
| | |

| ① | ② | ③ |
|---|---|---|
| | | |

問4

| |
|---|
| |

問5

| 百万円 |
|---|
| |

【4】 問1

| ① | ② | ③ |
|---|---|---|
|   |   |   |

問2

| a | b | c |
|---|---|---|
|   |   |   |

問3

| ① | ② | ③ | ④ | ⑤ |
|---|---|---|---|---|
|   |   |   |   |   |

| ⑥ | ⑦ | ⑧ | ⑨ | ⑩ |
|---|---|---|---|---|
|   |   | % | % |   |

| ⑪ | ⑫ | ⑬ |
|---|---|---|
| % | % |   |

【5】 問1

| 指　標 | A 社 | B 社 |
|---|---|---|
| B　P　S | （1）　　　　　円 | （2）　　　　　円 |
| E　P　S | （3）　　　　　円 | （4）　　　　　円 |

問2

| 指　標 | A 社 | B 社 |
|---|---|---|
| P　B　R | （1）　　　　　倍 | （2）　　　　　倍 |
| P　E　R | （3）　　　　　倍 | （4）　　　　　倍 |
| R　O　E | （5）　　　　　% | （6）　　　　　% |
| 配 当 利 回 り | （7）　　　　　% | （8）　　　　　% |
| 配 当 性 向 | （9）　　　　　% | （10）　　　　　% |

| 1 | 2 | 3 | 4 | 5 | 6 |
|---|---|---|---|---|---|
|   |   |   |   |   |   |

| 7 | 8 | 9 | 10 | 11 |
|---|---|---|---|---|
|   |   |   |   |   |

# 令和4年度　第14回　財務諸表分析検定試験

【1】　次の(1)〜(5)について，下線部が正しいものには○を記入し，誤っているものは正しい用語または比率を解答欄に記入しなさい。ただし，正しいものを訂正した場合は誤答とし，すべてに○を記入した場合は5問全部を無効とする。

　　なお，正しい用語は漢字で記入すること。

(1)　財務諸表分析の方法で，他の企業の指標と比べて分析を行う方法を趨勢分析という。

(2)　売上債権対仕入債務比率は，期末の売上債権を仕入債務で除して，100を乗じて求める。

(3)　実務上，粗利率といわれているのは，営業利益を売上高で除したものである。

(4)　純資産負債比率は，将来返済しなければならない負債と返済をする必要のない純資産とのバランスによって長期的に安全かどうかを判断する指標である。この比率が1：1であれば，バランスがとれており，長期的に安全であるとみられることが多い。

(5)　使用資産経常利益率は，安全性をみる指標である。

【2】　小売業を営んでいるK社の前期と当期の連結損益計算書により，次の設問に答えなさい。なお，計算上端数が生じた場合，％または回の小数点第2位を四捨五入し，第1位まで解答すること。ただし，小数点第1位の数値がないときは，例えば，9.0％のように解答すること。

〈資　料〉　　　　　　　　　連結損益計算書　　　　（単位：百万円）

|  | 前　期 | 当　期 |
|---|---|---|
| （a）売上高 | 1,055,600 | 1,200,500 |
| （b）売上原価 | 652,100 | 699,300 |
| 売上総利益 | 403,500 | 501,200 |
| （c）販売費及び一般管理費 | 226,000 | 251,500 |
| 営業利益 | 177,500 | 249,700 |
| （d）営業外収益 | 23,500 | 28,300 |
| （e）営業外費用 | 1,700 | 700 |
| 経常利益 | 199,300 | 277,300 |
| （f）特別利益 | 3,200 | 1,000 |
| （g）特別損失 | 1,500 | 5,500 |
| 税金等調整前当期純利益 | 201,000 | 272,800 |
| 法人税，住民税及び事業税 | 56,900 | 89,200 |
| 法人税等調整額 | 3,200 | △10,900 |
| 法人税等合計 | 60,100 | 78,300 |
| 当期純利益 | 140,900 | 194,500 |
| 非支配株主に帰属する当期純利益 | 1,300 | 500 |
| 親会社株主に帰属する当期純利益 | 139,600 | 194,000 |

追加情報　　　　　（単位：百万円）

| 当期首固定資産 | 367,400 |
|---|---|
| 当期末固定資産 | 345,300 |

（注意事項）

　　当期純利益は，非支配株主に帰属する当期純利益を控除する前の金額を用いること。

問1　K社の前期と当期の総収益当期純利益率及び経常収益経常利益率を求めなさい。

問2　次の文章について，正誤の組み合わせとして正しい番号を解答欄に記入しなさい。

　(a)　総収益当期純利益率は，当期純利益をもとに企業活動による総収益の中で企業の投資総額が期中に何回転したかを表し，企業の全ての資産の利用効率を判断する指標である。

　(b)　経常収益経常利益率は，企業が行う投資活動や財務活動も含めた当期の企業活動全般のよしあしを判断する指標である。

　　① (a) 正　(b) 正
　　② (a) 正　(b) 誤
　　③ (a) 誤　(b) 正
　　④ (a) 誤　(b) 誤

問3　K社の経常収益経常利益率を分析して，前期と当期の期間比較を行う場合，損益計算書の区分（項目）の確認が必要になる。そこで，確認が不要な区分（項目）を〈資料〉連結損益計算書の区分（項目）の前に付した記号（a）から（g）で答えなさい。

問4　次のアからコの企業活動の情報は〈資料〉のK社の連結損益計算書のどの区分（項目）に含まれるか。連結損益計算書の区分（項目）の前に付した記号（a）から（g）で答えなさい。ただし，同じ記号を2回以上使用しても良い。
　　ア．買掛金を所定の期日前に支払い，割引を受けた。
　　イ．販売促進のため，広告宣伝費を増やした。
　　ウ．従業員の給料を上げ，給与総額を増額した。
　　エ．建物を売却し，その売却益を計上した。
　　オ．K社が売買目的で保有している株式の時価が下がった。
　　カ．保有している株式の配当金を受け取った。
　　キ．期中に仕入れた商品の値引きを受けた。
　　ク．在庫処分で値引き販売を行い，総額的に昨年度よりも売れた。
　　ケ．除却資産に価値がないので，廃棄処分とした。
　　コ．借入金に対する利息の支払いをした。

問5　文章の（　　）の中に入る語句を記号で選び解答欄に記入しなさい。また，分析した数値を求め解答欄に記入しなさい。
　　　K社は，総収益当期純利益率と経常収益経常利益率が当期に改善した理由を探るため，固定資産が効果的に設備投資されているかどうか，前期と当期を比較し分析を行った。売上規模に対して，固定資産への投資規模は適正であるかをみる固定資産回転率（総収益対固定資産）は前期が2.9回転に対して，当期は①（　　）回転である。この数値が②（ア．高い　イ．低い）と固定資産への投資が多く，逆に③（ア．高い　イ．低い）と機械設備などの利用効率が高いことになる。よって，固定資産が有効に活用され，④（ア．仕入　イ．売上）に貢献しているかをみるのに重要である。
　　　この結果から，固定資産が効果的に設備投資されたのは⑤（ア．前期　イ．当期）であることがわかった。

【3】〈資　料〉に示した財務諸表およびグラフにより，次の問1から問4に答えなさい。
　　なお，解答にあたっては以下の事項に留意すること。
　　1．各分析指標の数値は算出結果のみを解答すること。（計算式は不要）
　　2．各分析指標の数値は，％または回の小数点第2位を四捨五入し，第1位まで解答すること。ただし，小数点第1位の数値がないときは，例えば，9.0％のように解答すること。
　　3．マイナスの場合には，数値の前に「△」をつけること。例えばマイナス5.3％の場合は「△5.3％」と解答すること。

問1　小売業を経営し，増収増益を続けるA社の×4年（前期）および×5年（当期）の安全性に関する次のaからfの分析指標を求め，〈資　料〉に示したグラフの①から⑫に入る数値を答えなさい。
　　a　流動比率（銀行家比率）
　　b　総資産負債比率
　　c　純資産固定負債比率
　　d　固定長期適合率（※その他の包括利益累計額は含まない）
　　e　売上債権回転率（売上高対売上債権）
　　f　総収益支払利息比率

問2　〈資　料〉に示したグラフは，×1年から×5年（当期）の分析指標の推移を表したものであるが，これらグラフから判断できることとして，最も妥当だと思われるものはどれか。下の〔解答群〕のアからウの中から1つ選び記号で答えなさい。

〔解答群〕

ア．純資産固定負債比率は，過去5年間ほぼ10％から20％の間で推移しており，5年間この比率に大きな変化がないということは，A社は毎年順調に新規店舗を出店していることを示している。
イ．売上債権回転率（売上高対売上債権）が過去5年にわたり徐々に下がっているということは，受取手形や売掛金などが早期に回収されるようになったことを示している。
ウ．総資産と負債の割合は，過去5年間おおむね5：1から4：1くらいで推移しており，A社の経営の安全性は際立っているといえる。

問3 次の《A社の企業買収後の財政状態の概況及び安全性に関する考察》の視点に基づき，×4年（前期）および×5年（当期）の安全性について判断しなさい。なお，文章中の（ 1 ）から（ 3 ）および（ 5 ）から（ 6 ）には，適切な科目・分析指標名・金額を下の〔解答群〕から記号を選び，（ 4 ）については数値を求め答えなさい。

《A社の企業買収後の財政状態の概況及び安全性に関する考察》

　コロナ禍の中，増収・増益を続けるA社はさらなる事業規模拡大を目指し，当期に同業のB社の企業買収を行った。この買収に伴いB社の商品及び製品等を受け入れたため，流動資産が42,161百万円増加した。また，固定資産も土地，建物等を受け入れたことにより，大幅に増加した。さらに，流動負債についても短期借入金や（ 1 ）及び買掛金の受け入れのため，（ 2 ）百万円増加した。このように，当期のA社の財政状態は，企業買収によって大きな影響を受けていることがわかる。

　分析指標を用い安全性を分析してみる。銀行家比率ともいわれる流動比率を求めると，前期に対し当期は低下している。さらに厳しく支払能力を測定するため酸性試験比率とも呼ばれている（ 3 ）も求めてみると，前期が159.8%に対し当期は（ 4 ）％とこちらも低下している。しかし，この酸性試験比率は少なくとも（ 5 ）％以上が望ましいとされており，当期の数値はこの数値を上まわっているので短期の安全性は，問題ないと言える。また，将来返済しなければならない負債と返済する必要のない純資産とのバランスをみる（ 6 ）をみると，前期と当期で若干の変化が見られるが，買収を行っても低い水準を保っており，長期の安全性にも大きな問題はなかった。しかし，この企業買収の成否については，今後のA社の財務諸表の推移を注視する必要がある。

〔解答群〕

| ア．62,805 | イ．受取手形 | ウ．200 | エ．当座比率 | オ．純資産負債比率 |
|---|---|---|---|---|
| カ．59,282 | キ．受取利息 | ク．100 | ケ．流動比率 | コ．総資産負債比率 |
| サ．3,523 | シ．支払手形 | ス．300 | セ．支払利息 | |

問4 問3の下線部ついて，企業買収によって当期A社が受けた影響について述べている文章のうち，最も正しいと思われるものはどれか。下の〔解答群〕のアからエの中から1つ選び記号で答えなさい。

〔解答群〕

ア．企業買収による商品仕入の効率化で信用取引への依存度が低下し，仕入債務回転率（売上原価対仕入債務）が良化した。

イ．企業買収によりB社の棚卸資産を受け入れたため，当期は前期と比較して棚卸資産回転率（売上高対棚卸資産）が低くなり，資金利用の効率性が悪くなった。

ウ．前期よりも当期のほうが，総資産回転率（総収益対総資産）が上昇し，企業買収により当期の売上高が伸びたことがわかる。

エ．企業買収による有形固定資産の受け入れやのれんの計上による無形固定資産の増加などにより，当期は固定長期適合率が悪化した。

〈資　料〉

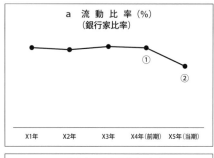

a　流動比率（%）（銀行家比率）

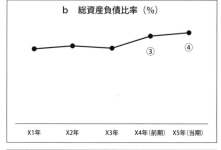

b　総資産負債比率（%）

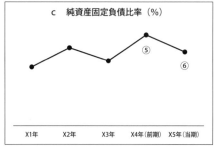

c　純資産固定負債比率（%）

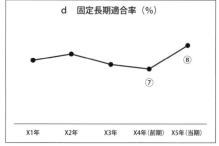

d　固定長期適合率（%）

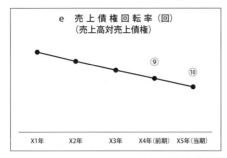

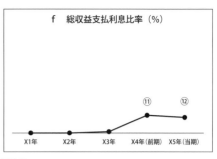

〈資　料〉　　　　　　　　　　　　A社の要約連結貸借対照表

(単位：百万円)

| 　 | 前　期 | 当　期 | 　 | 前　期 | 当　期 |
|---|---|---|---|---|---|
| 資産の部 | | | 負債の部 | | |
| 　流動資産 | | | 　流動負債 | | |
| 　　現金及び預金 | 159,190 | 158,577 | 　　支払手形及び買掛金 | 19,774 | 34,554 |
| 　　受取手形及び売掛金 | 27,880 | 40,806 | 　　短期借入金 | 12,787 | 38,715 |
| 　　有価証券 | 0 | 7,791 | 　　未払金 | 22,923 | 33,512 |
| 　　商品及び製品 | 61,203 | 76,133 | 　　未払法人税等 | 20,224 | 30,351 |
| 　　仕掛品 | 182 | 200 | 　　賞与引当金 | 4,020 | 5,120 |
| 　　原材料及び貯蔵品 | 4,127 | 4,403 | 　　その他 | 37,335 | 34,093 |
| 　　その他 | 11,011 | 17,845 | 　　流動負債合計 | 117,063 | 176,345 |
| 　　貸倒引当金 | △ 4 | △ 5 | 　固定負債 | | |
| 　流動資産合計 | 263,589 | 305,750 | 　　長期借入金 | 4,000 | 2,000 |
| 　固定資産 | | | 　　退職給付に係る負債 | 1,343 | 5,186 |
| 　　有形固定資産 | | | 　　資産除却債務 | 5,673 | 14,608 |
| 　　建物及び構築物 | 215,907 | 353,576 | 　　その他 | 24,306 | 17,051 |
| 　　機械装置及び備品 | 13,511 | 13,811 | 　　固定負債合計 | 35,322 | 38,845 |
| 　　土地 | 173,014 | 257,014 | 　負債合計 | 152,385 | 215,190 |
| 　　建設仮勘定 | 3,489 | 6,762 | 純資産の部 | | |
| 　　その他 | 29,202 | 34,952 | 　株主資本 | | |
| 　　減価償却累計額 | △127,736 | △209,081 | 　　資本金 | 13,370 | 13,370 |
| 　　有形固定資産合計 | 307,387 | 457,034 | 　　資本剰余金 | 25,074 | 26,255 |
| 　　無形固定資産 | | | 　　利益剰余金 | 502,473 | 632,083 |
| 　　のれん | 0 | 31,665 | 　　自己株式 | △10,875 | △8,971 |
| 　　ソフトウェア | 11,391 | 9,296 | 　　株主資本合計 | 530,042 | 662,737 |
| 　　その他 | 13,208 | 7,787 | 　　その他の包括利益累計額 | 530 | △640 |
| 　　無形固定資産合計 | 24,599 | 48,748 | 　　新株予約権 | 289 | 49,760 |
| 　　投資その他の資産 | | | 　純資産合計 | 530,861 | 711,857 |
| 　　投資有価証券 | 25,535 | 25,727 | | | |
| 　　長期貸付金 | 732 | 665 | | | |
| 　　その他 | 61,404 | 89,123 | | | |
| 　　投資その他の資産合計 | 87,671 | 115,515 | | | |
| 　固定資産合計 | 419,657 | 621,297 | | | |
| 資産合計 | 683,246 | 927,047 | 負債純資産合計 | 683,246 | 927,047 |

追加情報　　　　　　　　　(単位：百万円)

| 前期首売上債権<br>（貸倒引当金を控除した金額） | 24,818 |
|---|---|
| 前期首仕入債務 | 20,956 |
| 前期首棚卸資産 | 62,907 |
| 前期首総資産 | 619,286 |

A社の要約連結損益計算書

(単位：百万円)

| | 前　期 | 当　期 |
|---|---|---|
| 売上高 | 622,273 | 736,900 |
| 売上原価 | 287,909 | 305,109 |
| 売上総利益 | 334,364 | 431,791 |
| 販売費及び一般管理費 | 246,886 | 274,104 |
| 営業利益 | 87,478 | 157,687 |
| 営業外収益 | | |
| 　受取利息 | 522 | 501 |
| 　受取配当金 | 36 | 38 |
| 　その他 | 1,918 | 1,824 |
| 　営業外収益合計 | 2,476 | 2,363 |
| 営業外費用 | | |
| 　支払利息 | 2,283 | 2,294 |
| 　支払手数料 | 0 | 1,000 |
| 　為替差損 | 24 | 6 |
| 　その他 | 125 | 324 |
| 　営業外費用合計 | 2,432 | 3,624 |
| 経常利益 | 87,522 | 156,426 |
| 特別利益 | | |
| 　固定資産売却益 | 315 | 5 |
| 　関係会社株式売却益 | 0 | 0 |
| 　その他 | 311 | 762 |
| 　特別利益合計 | 626 | 767 |
| 特別損失 | | |
| 　固定資産除却損 | 99 | 63 |
| 　減損損失 | 2,090 | 6,351 |
| 　損害賠償金 | 85 | 0 |
| 　解約損失引当金繰入額 | 630 | 0 |
| 　その他 | 174 | 83 |
| 　特別損失合計 | 3,078 | 6,497 |
| 税金等調整前当期純利益 | 85,070 | 150,696 |
| 法人税，住民税及び事業税 | 34,978 | 42,430 |
| 法人税等調整額 | △1,304 | △3,848 |
| 法人税等合計 | 33,674 | 38,582 |
| 当期純利益 | 51,396 | 112,114 |
| 非支配株主に帰属する当期純利益 | 0 | 5,534 |
| 親会社株主に帰属する当期純利益 | 51,396 | 106,580 |

【4】　テーマパークを運営するＣ社は，いつ行っても大賑わいで高収益企業として評価も高い。新型ウイルス感染症の影響で，×3年3月から6月までの約4か月間，テーマパークを臨時休園することになってしまった。異例ともいえる臨時休園を余儀なくされた同社の×3年3月期の決算書をみて答えなさい。

問1　下記の文章の □ の中に最もあてはまる語を〔解答群〕の中から選びなさい。

　　　Ｃ社の〈資料〉をみると □ という結果になった。新型ウイルス感染症の影響による休園や客数減でパークの来園者数やグッズの売り上げなどが落ち込んだことが理由である。

〔解答群〕

| ア　増収増益 | イ　増収減益 | ウ　減収増益 | エ　減収減益 |
|---|---|---|---|

問2　Ｃ社の前期と当期のフリー・キャッシュ・フローを求めなさい。なお，マイナスの場合には，数値の前に「△」をつけること。例えば，マイナス5.3%の場合は「△5.3%」と解答すること。

問3　次の文章の 1 ・ 4 ・ 5 のなかに入るのに適当な数値を答えなさい。また， 2 ・ 3 ・ 6 ・ 7 に入るのに適切な語句を〔解答群〕のなかから選び，その記号を解答欄に記入しなさい。同じ記号を2回以上用いてもよい。

　　　なお，計算上端数が生じた場合，%の小数点第2位を四捨五入し，第1位まで解答すること。また，小数点第1位の数値がないときには，例えば，9.0%のように解答すること。

売上高営業キャッシュ・フロー比率を計算すると ☐1☐ ％である。前期・前々期と比較して，資金の ☐2☐ の効率が悪いことがわかる。売上高に対して，営業キャッシュ・フローが多いほど安全性が ☐3☐ といえる。

また，休園中でもさまざまな支払いはゼロにはならない。C社の主たるコストは，人件費や設備関連費用を中心とした固定費が中心である。ただし，短期の支払い能力をはかる流動比率，当座比率ともに高水準であり，実際のキャッシュ獲得能力と比較して，短期的な支払いにどれだけの余裕があるのかをはかる流動負債営業キャッシュ・フロー比率を計算すると ☐4☐ ％である。これらのことから，1年以内の短期の支払いに困ることはないと考えられる。また，有利子負債とキャッシュを比べるとその差額は ☐5☐ 百万円である。例えば，有利子負債の方がキャッシュより多くその差が大きい場合，手元のキャッシュでは返済できないことになる。

次に，テーマパーク事業という性格から，設備投資は必須である。近年はとくに有形固定資産への ☐6☐ を活発に行っている。毎年のように多額の資金を設備投資に回していることが読み取れ，その中でも特に稼働前の有形固定資産に対する投資額を集計する ☐7☐ の増加が顕著である。それは，×1年に新アトラクションがオープン，×2年に新アトラクションと新エリアがオープンし，新ホテルの開発も進められているからである。

〔解答群〕

| ア | 土地 | イ | 返済 | ウ | 建物及び構築物 | エ | 投資活動 |
|---|---|---|---|---|---|---|---|
| オ | 財務活動 | カ | 高い | キ | 営業活動 | ク | 低い |
| ケ | 建設仮勘定 | コ | 回収 | | | | |

〈資　料〉

C社の要約損益計算書

(単位：百万円)

| | ×1年3月期 | ×2年3月期 | ×3年3月期 |
|---|---|---|---|
| 売上高 | 479,280 | 525,622 | 464,450 |
| 売上原価 | 302,771 | 326,283 | 300,601 |
| 売上総利益 | 176,509 | 199,339 | 163,849 |
| 販売費及び一般管理費 | 66,223 | 70,061 | 66,986 |
| 営業利益 | 110,286 | 129,278 | 96,863 |
| 営業外収益 | 2,443 | 2,198 | 2,582 |
| 営業外費用 | 1,068 | 2,037 | 1,382 |
| 経常利益 | 111,661 | 129,439 | 98,063 |
| 特別利益 | 1,336 | — | 341 |
| 特別損失 | — | — | 9,270 |
| 税金等調整前当期純利益 | 112,997 | 129,439 | 89,134 |
| 法人税等合計 | 31,805 | 39,153 | 26,916 |
| 当期純利益 | 81,192 | 90,286 | 62,218 |
| 親会社株主に帰属する当期純利益 | 81,192 | 90,286 | 62,218 |

C社の要約貸借対照表

(単位：百万円)

| 資産の部 | ×1年3月期 | ×2年3月期 | ×3年3月期 | 負債の部 | ×1年3月期 | ×2年3月期 | ×3年3月期 |
|---|---|---|---|---|---|---|---|
| 流動資産 | | | | 流動負債 | 123,623 | 154,652 | 100,495 |
| 　現金及び預金 | 296,350 | 377,551 | 261,164 | 〔この内 支払手形及び買掛金 | 17,557 | 19,907 | 13,921 |
| 　受取手形及び売掛金 | 19,990 | 22,083 | 7,225 | 　　　1年以内返済予定の長期借入金 | 4,845 | 6,119 | 4,580 |
| 　有価証券 | 21,709 | 20,999 | 19,999 | 固定負債 | 69,965 | 93,601 | 89,894 |
| 　その他 | 27,496 | 21,200 | 28,350 | 〔この内 社債 | 50,000 | 80,000 | 80,000 |
| 　流動資産合計 | 365,545 | 441,833 | 316,738 | 　　　長期借入金 | 4,739 | 2,304 | 2,488 |
| 固定資産 | | | | | | | |
| 　有形固定資産 | | | | 負債合計 | 193,588 | 248,253 | 190,389 |
| 　　建物及び構築物＊ | 275,508 | 270,971 | 291,012 | 純資産の部 | | | |
| 　　土地 | 117,653 | 117,653 | 117,653 | 株主資本 | 704,918 | 782,674 | 810,298 |
| 　　建設仮勘定 | 38,747 | 82,342 | 152,165 | その他の包括利益累計額 | 17,057 | 20,522 | 9,958 |
| 　　その他 | 41,670 | 43,353 | 49,754 | | | | |
| 　　有形固定資産合計 | 473,578 | 514,319 | 610,584 | | | | |
| 　無形固定資産 | 8,865 | 13,770 | 16,334 | | | | |
| 　投資その他の資産 | 67,575 | 81,527 | 66,989 | | | | |
| 　固定資産合計 | 550,018 | 609,616 | 693,907 | 純資産合計 | 721,975 | 803,196 | 820,256 |
| 資産合計 | 915,563 | 1,051,449 | 1,010,645 | 負債純資産合計 | 915,563 | 1,051,449 | 1,010,645 |

＊減価償却累計額を差し引いた純額。

C社の要約キャッシュ・フロー計算書

（単位：百万円）

| | ×1年3月期 | ×2年3月期 | ×3年3月期 |
|---|---|---|---|
| 営業活動によるキャッシュフロー | 122,860 | 134,974 | 73,336 |
| 投資活動によるキャッシュフロー | △44,981 | △135,360 | 20,534 |
| （この内 有形固定資産の取得による支出） | △55,122 | △78,574 | △126,974 |
| 財務活動によるキャッシュフロー | △33,345 | 36,601 | △55,257 |
| その他 | 14 | △14 | ― |
| 現金及び現金同等物の増減額（△は減少） | 44,548 | 36,201 | 38,613 |
| 現金及び現金同等物の期首残高 | 141,801 | 186,350 | 222,551 |
| 現金及び現金同等物の期末残高 | 186,349 | 222,551 | 261,164 |

【5】 株式投資に関する〈資　料〉について，次の問1，問2に答えなさい。

〈資　料〉

| | A社 | B社 |
|---|---|---|
| 株価（1株当たり） | 800円 | 750円 |
| 期末発行済株式総数 | 450百万株 | 100百万株 |
| 当期純利益 | 24,000百万円 | 2,750百万円 |
| 純資産 | 140,000百万円 | 22,500百万円 |
| 配当金総額 | 7,500百万円 | 1,250百万円 |

※1　A社・B社の期首発行済株式総数は，期末と同じである。また，前期末純資産
　　　額はA社150,000百万円，B社25,000百万円である。
※2　自己株式は含まれていない。
※3　株を購入する際の手数料は考えなくてよい。
※4　純資産＝株主資本とする。

問1　A社とB社の株主資本当期純利益率，株価純資産倍率と株価収益率，配当利回りと配当性向を
　　計算しなさい。なお，計算上端数が生じた場合は，倍，％ともに小数点第2位を四捨五入し，
　　第1位まで解答すること。ただし，小数点第1位の数値がないときは，例えば，9.0％のように
　　解答すること。

問2　次の会話文の（　①　）から（　⑩　）に当てはまる語句を〔解答群〕の中から選び，その記
　　号を解答欄に記入しなさい。なお，同じ記号を2回以上用いてもよい。

　　　Aさん：「先日，全国でチェーン店を展開しているA社が，値上げを発表したニュースを見たよ。他にも，
　　　　　　　B社も値上げを発表し，話題になったよ。」
　　　Bさん：「うん，値上げは，どんな話題があったの。」
　　　Aさん：「食料品の値上げね。小麦粉や食用油などの話題が，ひっきりなしにあったよ。」
　　　Bさん：「値上がりの理由は，何なの。」
　　　Aさん：「そうだね。世界的に原油をはじめとする資源の価格が高騰しているからだよ。」
　　　Bさん：「そういえば，原材料費や光熱費なども値上がりしているね。」
　　　Aさん：「コロナ禍の影響もあったり，資源が調達されなかったり，飲食店では従業員にも影響が出ている
　　　　　　　ね。」
　　　Bさん：「従業員は，人件費の問題だね。」
　　　Aさん：「そうだね。人件費も商品の値上げに関係してくるからね。企業について情報収集し，分析が必要
　　　　　　　だね。」
　　　Bさん：「この話題を機会に同業他社であるA社とB社の企業価値を分析して，株式投資を考え役立てた
　　　　　　　いね。」
　　　Aさん：「そうだね。そこで，株式の投資価値を判断する際に用いられる指標の中で，企業の株価と利益の
　　　　　　　関係に注目した指標が，（　①　）だね。」
　　　Bさん：「うん，もっと詳しく教えて。」
　　　Aさん：「この比率は今の株価が1株当たり当期純利益の何年分に相当するかを示すよ。市場全体の
　　　　　　　（　①　）や同業他社の株価と比較して，その銘柄の割高・割安かを判定するのに使うよ。過去と
　　　　　　　比較して割高・割安かを見てもいいよ。一般的にこの指標が高いほど（　②　），低いほど
　　　　　　　（　③　）と見られるよ。」
　　　Bさん：「なるほど，そうすると，（　④　）の方が割高だね。」
　　　Aさん：「次に，（　⑤　）は，株式市場におけるその企業の評価額が，純資産の何倍であるかを表す指標
　　　　　　　だね。」

Bさん：「うん，これについても詳しく教えて。」

Aさん：「（　⑤　）は，貸借対照表上の純資産が株式市場でどの程度の価値と評価されているかを見ているよ。純資産を発行済株式総数で割ったのが（　⑥　）つまり，1株当たり純資産だよ。株価を1株当たり純資産で割ったのが（　⑤　）だよ。一般的に指標が高いほど（　⑦　），低いほど（　⑧　）と見られるよ。」

Bさん：「なるほど，そうすると，（　⑨　）の方が割安だから買いだね。」

Aさん：「株価が値上がることによる利益も重要なことだね。」

Bさん：「儲かった利益を株主に還元してもらいたいよね。」

Aさん：「株式投資する場合も，企業が利益のうちどの程度を配当金にあてたかを見る（　⑩　）という指標だね。配当は，株主への利益の還元であるから，（　⑩　）が高い方が株主にとっては好ましいといえるね。」

Bさん：「企業が株主をどれだけ大切にしているかわかるね。これらのことを参考に，企業の財務諸表を分析して，株式投資を判断していきたいね。」

〔解答群〕

| ア．割高 | イ．割安 | ウ．改善 | エ．悪化 | オ．BES |
| カ．BPS | キ．EPS | ク．PBR | ケ．PER | コ．ROA |
| サ．ROE | シ．A社 | ス．B社 | セ．配当性向 | ソ．配当利回り |

# 令和4年度（第14回）財務諸表分析検定試験

# 解 答 用 紙

**【1】**

| （1） | （2） | （3） | （4） | （5） |
|---|---|---|---|---|
|  |  |  |  |  |

**【2】** 問1

|  | 前　期 | 当　期 |
|---|---|---|
| 総 収 益 当 期 純 利 益 率 | % | % |
| 経 常 収 益 経 常 利 益 率 | % | % |

問2 [　　　　] 問3 [　　　　　　　　]

問4

| ア | イ | ウ | エ | オ |
|---|---|---|---|---|
|  |  |  |  |  |
| カ | キ | ク | ケ | コ |
|  |  |  |  |  |

問5

| ① | ② | ③ | ④ | ⑤ |
|---|---|---|---|---|
|  |  |  |  |  |

**【3】** 問1

|  | 分析指標名 | 前　期 | 当　期 |
|---|---|---|---|
| a | 流 動 比 率（銀 行 家 比 率） | ① 　　% | ② 　　% |
| b | 総 資 産 負 債 比 率 | ③ 　　% | ④ 　　% |
| c | 純 資 産 固 定 負 債 比 率 | ⑤ 　　% | ⑥ 　　% |
| d | 固 定 長 期 適 合 率 | ⑦ 　　% | ⑧ 　　% |
| e | 売上債権回転率（売上高対売上債権） | ⑨ 　　回 | ⑩ 　　回 |
| f | 総 収 益 支 払 利 息 比 率 | ⑪ 　　% | ⑫ 　　% |

問2 [　　　　]

問3

| （1） | （2） | （3） | （4） |
|---|---|---|---|
|  |  |  | % |

| （5） | （6） |
|---|---|
|  |  |

問4 [　　　　]

**【4】**

問1 [ ]　　問2 | 前期 | 百万円 | 当期 | 百万円 |

問3

| 1 | 2 | 3 | 4 | 5 |
|---|---|---|---|---|
| % | | | % | 百万円 |

| 6 | 4 |
|---|---|
| | |

**【5】**

問1

| | A社 | B社 |
|---|---|---|
| 株主資本当期純利益率 | % | % |
| 株 価 純 資 産 倍 率 | 倍 | 倍 |
| 株 価 収 益 率 | 倍 | 倍 |
| 配 当 利 回 り | % | % |
| 配 当 性 向 | % | % |

問2

| ① | ② | ③ | ④ | ⑤ |
|---|---|---|---|---|
| | | | | |

| ⑥ | ⑦ | ⑧ | ⑨ | ⑩ |
|---|---|---|---|---|
| | | | | |

# 令和3年度　第13回　会計実務検定試験　財務諸表分析

【1】　次の文章のうち，正しいものには○を，誤っているものには×を解答欄に記入しなさい。

1．当期純利益が発生する場合，手持ち現金を用いて，自社株買いを行うと株主資本当期純利益率は高くなる。

2．税金等調整前当期純損失が発生した場合，間接法によるキャッシュ・フロー計算書における「営業活動によるキャッシュ・フロー」は必ずマイナスとなる。

3．配当性向と配当利回りはどちらも株主に利益をどれだけ還元したかを示す指標である。

4．総資産負債比率が100%を超えるとき「債務超過」という。

5．売上債権回転率・仕入債務回転率とも原則として低いほうが望ましい。

【2】　同種の企業であるN社とS社の連結貸借対照表及び連結損益計算書により，次の設問に答えなさい。なお，計算上端数が生じた場合，%の小数点第2位を四捨五入し，第1位まで解答すること。ただし，小数点第1位の数値がないときは，例えば，9.0%のように解答すること。

〈資料1〉

連結貸借対照表

（単位：百万円）

|  | N社 | S社 |
|---|---|---|
| 資産の部 |  |  |
| 　流動資産 |  |  |
| 　　現金及び預金 | 690,400 | 123,500 |
| 　　受取手形及び売掛金 | 133,100 | 41,600 |
| 　　棚卸資産 | (　　　) | (　　　) |
| 　　流動資産合計 | (　　　) | (　　　) |
| 　固定資産 |  |  |
| 　　有形固定資産 | 82,900 | 20,500 |
| 　　無形固定資産 | 15,000 | 5,400 |
| 　　投資その他の資産 | 334,600 | 25,800 |
| 　　固定資産合計 | 432,500 | 51,700 |
| 　資産合計 | 1,344,900 | (　　　) |
| 負債の部 |  |  |
| 　流動負債 | 355,700 | 89,300 |
| 　固定負債 | 37,500 | 13,200 |
| 　負債合計 | 393,200 | 102,500 |
| 純資産の部 |  |  |
| 　株主資本 |  |  |
| 　　資本金 | 100,000 | 24,000 |
| 　　資本剰余金 | 265,000 | 53,300 |
| 　　利益剰余金 | 773,800 | 129,500 |
| 　　自己株式 | △158,200 | △9,800 |
| 　　株主資本合計 | (　　　) | (　　　) |
| 　その他の包括利益累計額 | △31,100 | △5,700 |
| 　新株予約権 | － | 600 |
| 　非支配株主持分 | 2,200 | 200 |
| 　純資産合計 | 951,700 | 192,100 |
| 負債純資産合計 | (　　　) | 294,600 |

〈資料2〉

連結損益計算書より一部抜粋

（単位：百万円）

|  | N社 | S社 |
|---|---|---|
| 売上高 | 1,328,800 | 261,500 |
| 当期純利益 | 258,600 | 21,300 |

問1　N社とS社の次の金額及び比率を求め解答欄に記入しなさい。

a．流動資産合計　　　　　b．株主資本合計　　　　　c．純資産負債比率

d．純資産固定負債比率

問2 次の文章について，正誤の組み合わせとして正しい番号を解答欄に記入しなさい。
　（a）純資産負債比率から，S社の方が長期的な安全性を保っていると判断できる。
　（b）純資産固定負債比率から，S社の方が返済資金の安全性は高いと判断できる。
　　①（a）正（b）正
　　②（a）正（b）誤
　　③（a）誤（b）正
　　④（a）誤（b）誤

問3 銀行家比率ともいわれ，短期の返済能力で安全性を確かめる分析指標名を記入しなさい。
また，N社とS社の比率を求め解答欄に記入しなさい。

問4 次の文の（　）の中に入る最も適当な語句を記号で記入しなさい。また，比率を求め
解答欄に記入しなさい。

　　N社とS社の純資産，当期純利益の各金額を比較すると，N社の方がどちらも①（ア．
小さい　イ．大きい）。利益や規模の拡大を求めるがため，投資を積極的に行うことがあ
る。そのために，固定長期適合率を計算してみると，N社が②（　）％に対してS社
は③（　）％であり，④（ア．N社　イ．S社）の方が低かった。この固定長期適合
率は，100％を下回ると⑤（ア．危険　イ．安全）である。100％を上回ると固定資産の
調達に必要な資金が，株主資本と固定負債で⑥（ア．まかなえている　イ．まかなえてい
ない）ので，負債の返済のために，固定資産を⑦（ア．売却　イ．購入）しなければなら
なくなるからである。これは⑧（ア．企業の本来の活動に支障をきたす　イ．企業の本来
の活動を円滑にする）ことになる。

【3】〈資　料〉に示した財務諸表により，次の問1から問3に答えなさい。

問1 飲食業を経営しているA社の前期および当期の収益性に関する次の　ア　から　オ　の分
析指標を求め，グラフの①から⑩に入る数値を答えなさい。
　ア　総資産当期純利益率（ROA）
　イ　売上高営業利益率
　ウ　総収益対総資産（総資産回転率）
　エ　売上高販売費及び一般管理費率
　オ　売上高売上原価率

（注意事項）
1．①から⑩の数値は算出結果のみを解答すること。（計算式は不要）
2．答えは，％または回の小数点第2位を四捨五入し，第1位まで解答すること。ただ
　し，小数点第1位の数値がないときは，例えば，9.0％のように解答すること。
3．当期純利益は，非支配株主に帰属する当期純利益を控除する前の金額を用いること。
4．マイナスの場合には，数値の前に「△」をつけること。例えばマイナス5.3％の場合
　は「△5.3％」と解答すること。

問2 問1の指標から次の視点に基づき，前期と当期の収益性について判断しなさい。なお，
文章中の（　1　）〜（　5　）には，問1のアからオの最も適切な指標を記号で選び，
（　6　）は選択肢から選んで記号を○で囲みなさい。

　　当期は前期に比べ売上高は減少し，当期純利益はマイナスとなり，総資産をどのくらい
有効に使用したかを示す，（　1　）もマイナスとなった。当期純利益がマイナスとなった
原因を探るため，まず，資産の効率性の低下に原因があるか調査を行った。これには
（　2　）を用いて行ったが，前期と比べ大きな変化はなく，グラフからも読み取ることが
できない。次に，営業利益段階から赤字となったため，（　3　）を分解し，その原因が売
上原価にあるのか，販売費及び一般管理費にあるのか（　4　）と（　5　）を比較したと
ころ（　5　）が5期連続で悪化し，当期は大幅に悪化した。このことから（　6　A食
材費　・　B人件費や広告費）の上昇が損失の大きな原因となっている可能性がある。

問3　当期のデータを利用し，次の経営改善策を採用した場合，来期最も税金等調整前当期純利益が高くなる方針はどれか。〔解答群〕のアからウの中から1つ選び記号で答えなさい。なお，記載されている内容以外の数値は当期のデータと変わらないものとする。

〔解答群〕

ア．売上高は当期より5%減少するが，仕入れの効率化，食材の規格変更などを行い，売上原価率を40%とする。

イ．売上高・売上原価は当期よりそれぞれ5%減少するが，売上高販売費及び一般管理費率を過去5年平均である53%となるように減額する。

ウ．メニューの価格を下げ，来客を増やすことで，当期より売上高が8%増加する。ただし，売上原価率は47%となる。

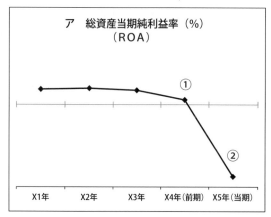

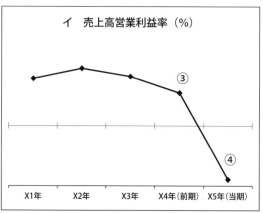

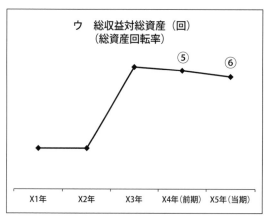

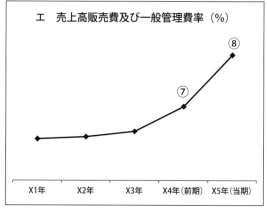

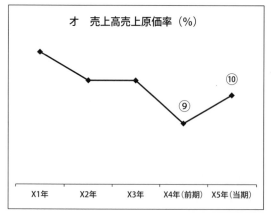

※　連結貸借対照表・連結損益計算書は次ページ⇒

〈資　料〉

## A社の要約連結貸借対照表

（単位：千円）

| | 前　期 | 当　期 | | 前　期 | 当　期 |
|---|---|---|---|---|---|
| 資産の部 | | | 負債の部 | | |
| 　流動資産 | | | 　流動負債 | | |
| 　　現金及び預金 | 2,454,918 | 2,005,630 | 　　支払手形及び買掛金 | 1,016,328 | 902,922 |
| 　　受取手形及び売掛金 | 901,041 | 900,185 | 　　短期借入金 | 0 | 600,000 |
| 　　商品及び製品 | 65,114 | 79,849 | 　　1年以内返済長期借入金 | 240,000 | 240,000 |
| 　　原材料及び貯蔵品 | 198,313 | 212,404 | 　　その他 | 1,281,692 | 1,375,106 |
| 　　その他 | 479,470 | 390,334 | 　　流動負債合計 | 2,538,020 | 3,118,028 |
| 　　貸倒引当金 | △11,147 | △6,535 | 　固定負債 | | |
| 　　流動資産合計 | 4,087,709 | 3,581,867 | 　　長期借入金 | 960,000 | 720,000 |
| 　固定資産 | | | 　　退職給付に係る負債 | 436,696 | 485,276 |
| 　　有形固定資産 | | | 　　資産除去債務 | 503,864 | 471,309 |
| 　　　建物及び構築物 | 5,351,768 | 5,285,555 | 　　その他 | 751,322 | 674,172 |
| 　　　機械装置及び備品 | 3,255,134 | 3,429,274 | 　　固定負債合計 | 2,651,882 | 2,350,757 |
| 　　　土地 | 75,324 | 75,324 | 　負債合計 | 5,189,902 | 5,468,785 |
| 　　　その他 | 30,758 | 32,784 | 純資産の部 | | |
| 　　　減価償却累計額 | △5,647,057 | △6,032,813 | 　株主資本 | | |
| 　　有形固定資産合計 | 3,065,927 | 2,790,124 | 　　資本金 | 1,512,753 | 1,542,796 |
| 　　無形固定資産合計 | 105,831 | 110,332 | 　　資本剰余金 | 1,430,933 | 1,460,967 |
| 　　投資その他の資産 | 2,555,829 | 2,374,220 | 　　利益剰余金 | 1,563,153 | 234,565 |
| 　　固定資産合計 | 5,727,587 | 5,274,676 | 　　自己株式 | △121 | △289 |
| | | | 　　株主資本合計 | 4,506,718 | 3,238,039 |
| | | | 　その他の包括利益累計額 | 74,844 | 81,314 |
| | | | 　非支配株主持分 | 43,832 | 68,405 |
| | | | 　純資産合計 | 4,625,394 | 3,387,758 |
| 資産合計 | 9,815,296 | 8,856,543 | 負債純資産合計 | 9,815,296 | 8,856,543 |

追加情報　　　　　　（単位：千円）

| 前期首総資産 | 9,467,234 |
|---|---|

Ａ社の要約連結損益計算書

(単位：千円)

| | 前　　期 | 当　　期 |
|---|---:|---:|
| 売上高 | 25,729,084 | 24,579,663 |
| 売上原価 | 11,109,282 | 10,777,978 |
| 売上総利益 | 14,619,802 | 13,801,685 |
| 販売費及び一般管理費 | 14,205,695 | 14,450,344 |
| 営業利益 | 414,107 | △648,659 |
| 営業外収益 | | |
| 　受取利息配当金 | 775 | 2,044 |
| 　協賛金収入 | 37,860 | 71,622 |
| 　その他 | 29,376 | 36,991 |
| 　営業外収益合計 | 68,011 | 110,657 |
| 営業外費用 | | |
| 　支払利息 | 10,034 | 10,306 |
| 　為替差損 | 8,236 | 13,074 |
| 　その他 | 351 | 8,392 |
| 　営業外費用合計 | 18,621 | 31,772 |
| 経常利益 | 463,497 | △569,774 |
| 特別利益 | | |
| 　固定資産売却益 | 1,982 | 34 |
| 　店舗売却益 | 2,976 | 37,936 |
| 　その他 | 0 | 73 |
| 　特別利益合計 | 4,958 | 38,043 |
| 特別損失 | | |
| 　固定資産除却損 | 8,407 | 15,048 |
| 　減損損失 | 283,487 | 333,326 |
| 　店舗閉鎖損失 | 4,788 | 7,885 |
| 　店舗閉鎖損失引当金繰入額 | 6,942 | 33,604 |
| 　フランチャイズ営業保証金 | 39,682 | 0 |
| 　特別損失合計 | 343,306 | 389,863 |
| 税金等調整前当期純利益 | 125,149 | △921,594 |
| 法人税，住民税及び事業税 | 149,823 | 70,193 |
| 法人税等調整額 | △103,263 | 133,009 |
| 法人税等合計 | 46,560 | 203,202 |
| 当期純利益 | 78,589 | △1,124,796 |
| 非支配株主に帰属する当期純利益 | 23,498 | 22,891 |
| 親会社株主に帰属する当期純利益 | 55,091 | △1,147,687 |

【4】 次の〈資　料〉のＡ社の損益計算書（一部）により，次の文章の　1　から　4　・　6　から　7　のなかに入る適当な数値を答えなさい。また　5　・　8　から　10　に入る適切な語句を〔解答群〕のなかから選び，その記号を解答欄に記入しなさい。ただし，同じ記号を２回以上使用しないこと。

なお，計算上端数が生じた場合，％ の小数点第２位を四捨五入し，第１位まで解答すること。また，小数点第１位の数値がないときは，例えば，9.0% のように解答すること。

〈資　料〉

A社の損益計算書（一部）

(単位：千円)

|  | 前　　期 | 当　　期 |
|---|---|---|
| 売上高 | 3,949,000 | 4,936,000 |
| 売上原価 | 2,962,000 | 3,850,000 |
| 販売費及び一般管理費 | 711,000 | 740,000 |
| 営業外収益 | 30,000 | 39,000 |
| 営業外費用 | 109,000 | 89,000 |

　Ａ社の営業利益は，前期が　1　千円，経常利益は，当期が　2　千円となる。Ａ社の売上高は，前期に比べて増加したにもかかわらず，売上高売上総利益率は，　3　％ から　4　％ へ低下した。これは，売上原価の伸び率が，売上高の伸び率よりも大きかったことにあり，その原因として，　5　の上昇や薄利多売型の収益構造へシフトしている傾向などの理由が考えられる。

　また，経常収益経常利益率は，　6　％ から　7　％ へ増加した。これは，営業外収益が増加したこと，及び営業外費用で減少したことによるものである。営業外収益の増加の原因として，受取利息や　8　の増加が考えられる。

　他方，営業外費用の減少の原因として　9　の減少が考えられる。この減少については貸借対照表上の　10　の推移を確認してみることが有用である。

〔解答群〕

| ア　株主資本 | イ　受取配当金 | ウ　総収益当期純利益率 | エ　売上高営業利益率 |
|---|---|---|---|
| オ　販売価格 | カ　有利子負債 | キ　仕入価格 | ク　支払利息 |

【5】 株式投資に関する〈資　料〉について，次の問１から問３に答えなさい。

〈資　料１〉

|  | U社前期 | U社当期 | V社当期 |
|---|---|---|---|
| 株価（１株当たり） | 4,345円 | 2,767円 | 2,247円 |
| 期末発行済株式総数 | 19,800千株 | 20,200千株 | 17,500千株 |
| 売上高（百万円） | 19,726 | 22,459 | 58,806 |
| 当期純利益（百万円） | 900 | 370 | 3,010 |
| 総資産（百万円） | 6,305 | 10,486 | 52,074 |
| 純資産（百万円） | 2,840 | 3,333 | 34,057 |
| 株価収益率（倍） | 91.2 | （1） | （2） |
| 株価純資産倍率（倍） | 30.3 | （3） | （4） |
| 総資産負債比率（%） | 55.0 | 68.2 | 34.6 |
| 株主資本当期純利益率（%） | 38.3 | （5） | （6） |

※１　V社前期末発行済株式総数は17,500千株である。また，前期末純資産額は30,445百万円である。
※２　自己株式は考慮しない。
※３　総資産＝負債＋純資産とする。また，純資産＝株主資本とする。

〈資　料２〉 （当期末時点）

|  | 東証１部 情報・通信業 | マザーズ市場 情報・通信業 | 東証１部 サービス業 | マザーズ市場 サービス業 |
|---|---|---|---|---|
| 平均株価収益率（倍） | 29.8 | 174.7 | 21.2 | 38.8 |
| 平均株価純資産倍率（倍） | 2.6 | 8.8 | 2.0 | 4.0 |

問1 U社とV社の当期の株価収益率，株価純資産倍率，株主資本当期純利益率を計算しなさい。なお，計算上端数が生じた場合は，小数点第2位を四捨五入し，第1位まで解答すること。また，小数点第1位の数値がないときは，例えば，9.0%のように解答すること。

問2 次の会話文の（ ① ）から（ ⑤ ）にあてはまる語句を〔解答群〕の中から選び，その記号を解答欄に記入しなさい。

Aさん：「Bさん，最近スマホよく見てるけど，何かあった？」

Bさん：「この動画配信サイトのクリエイターがお気に入りで，ちょっとはまってるんだ。面白いよ。」

Aさん：「あ，面白いよね。この人U社の専属クリエイターなんだ。U社は3年前に上場していて，売り上げも順調に伸びているからどんな会社か調べてみない？」

Bさん：「クリエイターは子供にも大人気だし，収入もすごいらしいよ。会社も儲かってるんじゃない？日本のチャンネル登録者数トップと2位，100位中の約$\frac{1}{4}$が所属しているんだって。」

Aさん：「設立してわずか8年しかたっていないのに，純利益が出るって結構すごいことだよ。」

Bさん：「でも，同業他社の平均的な指標と比べるとどうなの？」

Aさん：「そうだね。当期末のデータだけど，U社が分類されている情報・通信業の平均指標だと東証一部上場なら株価純資産倍率（ ① ）は2.6倍，株価収益率（ ② ）は29.8倍，U社が上場している新興企業があつまるマザーズ市場では株価純資産倍率は8.8倍，株価収益率は174.7倍のようだよ。マザーズ市場に上場している会社の多くは今は利益が少ないけど，将来の成長性が見込まれている会社が多いことが影響しているね。」

Bさん：「U社はマザーズ市場に上場しているから，株価収益率なら（ ③ ）と判断できるかな？あと，株価が変わらず，1株当たりの（ ④ ）が増加すれば，株価収益率は低くなるね。収益力に注目するなら，この指標をもとに将来性を考えて，現在の株価が割高か割安か判断する基準の1つになるよ。」

Aさん：「そうだね。あと，U社は所属クリエイターのマネジメントを手掛けている会社だから，芸能事務所に近いかな。東証一部に1社だけ芸能事務所のV社（分類はサービス業）が上場しているから，これも参考にするといいよ。」

Bさん：「他の観点から分析すると，長期の安全性を示す総資産負債比率は（ ⑤ ）のほうが良好だね。テレビや音楽も好きだけど，ネット動画も楽しいから，どちらもまだまだ成長余地がありそうだね。たのしみだなぁ。」

Aさん：「現在の株価が適切かどうかは，最終的には自分が注目する指標に応じて，判断することになると思うよ。例えば，<u>企業の利益水準に比べて株価が相対的に割高か割安かを示す株価収益率の計算式を用いて株価を想定しようとした場合，マザーズ市場の平均株価収益率を採用するか，東証一部上場の平均株価収益率を採用するかで導き出される想定株価はまったく異なることになるからね。</u>」

Bさん：「財務諸表分析で学んだ内容を活用して自分なりの判断基準をいくつか考えてみたいと思うよ。」

〔解答群〕

| ア．割高 | イ．割安 | ウ．U社 | エ．V社 | オ．配当 | カ．利益 |
| キ．BPS | ク．PER | ケ．EPS | コ．PBR | サ．資産 | シ．負債 |

問3 下線部について，市場平均の株価収益率と当該企業（ここではU社）の1株当たり当期純利益を用いて株価収益率を求める計算式に代入すると，市場平均の株価収益率によって想定される株価が算出される。これを用いて現在の株価が市場平均と比べ，どのくらい割高・割安かを判断することができる。そこで，U社当期の資料に基づいて，〈資　料2〉の
　　①「マザーズ市場情報・通信業の平均株価収益率（174.7倍）」
　　②「東証1部サービス業の平均株価収益率（21.2倍）」
を用いて想定される株価をそれぞれ求めなさい。ただし，小数点未満を四捨五入し，整数で答えなさい。

# 令和3年度（第13回）会計実務検定試験 財務諸表分析
## 解 答 用 紙

【1】

| 1 | 2 | 3 | 4 | 5 |
|---|---|---|---|---|
|   |   |   |   |   |

【2】 問1

|  | a | | b | | c | | d | |
|---|---|---|---|---|---|---|---|---|
| N社 | a | 百万円 | b | 百万円 | c | % | d | % |
| S社 | a | 百万円 | b | 百万円 | c | % | d | % |

問2

|  |
|---|
|  |

問3

| 分析指標名 |  | N社 | % | S社 | % |
|---|---|---|---|---|---|

問4

| ① | | ② | % | ③ | % | ④ | |
|---|---|---|---|---|---|---|---|
| ⑤ | | ⑥ | | ⑦ | | ⑧ | |

【3】 問1

|  | 分析指標名 | 前 期 | | 当 期 | |
|---|---|---|---|---|---|
| ア | 総資産当期純利益率（ROA） | ① | % | ② | % |
| イ | 売 上 高 営 業 利 益 率 | ③ | % | ④ | % |
| ウ | 総収益対総資産（総資産回転率） | ⑤ | 回 | ⑥ | 回 |
| エ | 売上高販売費及び一般管理費率 | ⑦ | % | ⑧ | % |
| オ | 売 上 高 売 上 原 価 率 | ⑨ | % | ⑩ | % |

問2

| （1） | （2） | （3） | （4） |
|---|---|---|---|
|  |  |  |  |

| （5） | （6） |
|---|---|
|  | A ・ B |

問3

|  |
|---|
|  |

【4】

| 1 | 2 | 3 | 4 | 5 |
|---|---|---|---|---|
| 千円 | 千円 | % | % |  |

| 6 | 7 | 8 | 9 | 10 |
|---|---|---|---|---|
| % | % |  |  |  |

【5】 問1

|  | U社当期 | | V社当期 | |
|---|---|---|---|---|
| 株 価 収 益 率 | （1） | 倍 | （2） | 倍 |
| 株 価 純 資 産 倍 率 | （3） | 倍 | （4） | 倍 |
| 株 主 資 本 当 期 純 利 益 率 | （5） | % | （6） | % |

問2

| ① | ② | ③ | ④ | ⑤ |
|---|---|---|---|---|
|   |   |   |   |   |

問3

| ① | ② |
|---|---|
| 円 | 円 |

# 令和2年度　第12回　会計実務検定試験　財務諸表分析

【1】　次の文章のうち，正しいものには○を，誤っているものには×を解答欄に記入しなさい。

1．財務分析の方法には，趨勢分析と比較分析があるが，趨勢分析は，時系列で分析を行う方法である。

2．同じ会社の同じ期の売上高売上原価率と売上高営業利益率を合わせると100％になる。

3．売上債権回転率は，損益計算書の売上高を貸借対照表の売上債権で割った指標であり，これには電子記録債権も含まれる。

4．株主資本等変動計算書には，固定負債の変動と残高が表示される。

5．純資産固定負債比率が100％を超えることを債務超過という。

【2】　大手外食チェーンのA社の要約損益計算書により，次の問1から問3に答えなさい。

〈資　料〉

A社の要約損益計算書

（単位：百万円）

| | |
|---|---|
| （a）売上高 | 25,800 |
| （b）売上原価 | 8,600 |
| 売上総利益 | 17,200 |
| （c）販売費及び一般管理費 | 15,000 |
| 営業利益 | 2,200 |
| （d）営業外収益 | 280 |
| （e）営業外費用 | 200 |
| 経常利益 | 2,280 |
| （f）特別利益 | 170 |
| （g）特別損失 | 600 |
| 当期純利益 | 1,850 |

（注）税金は考慮しない。

問1　A社の売上高販売費及び一般管理費率と総収益当期純利益率を求めなさい。なお，計算上端数が生じた場合，％の小数点第2位を四捨五入し，第1位まで解答すること。ただし，小数点第1位の数値がないときは，例えば，9.0％のように解答すること。

問2　次の ア から コ の企業活動の情報は〈資　料〉のA社の要約損益計算書のどの区分に含まれるか。損益計算書の区分の前に付した記号（a）から（g）で答えなさい。ただし，同じ記号を2回以上使用しても良い。

ア　販売促進のため，テレビ広告を増やした。

イ　保有している株式の配当金を受け取った。

ウ　営業不振のため在庫処分で値引き販売を行った結果，総額的に昨年度よりも減った。

エ　新規に銀行より借り入れを行い，利息の支払いが発生するようになった。

オ　期中に仕入れた商品の値引きを受けた。

カ　A社が売買目的で保有している株式の時価が下がった。

キ　長年使用してきた建物を売却し，多額の売却益を計上した。

ク　火災によって，保険に入っていなかった店舗が焼失した。

ケ　従業員の給料を上げ，給与総額を増額した。

コ　買掛金を所定の期日前に支払い，割引を受けた。

問3　A社は，来期に向けて，利益を増やすために分析を行っている。利益を増やすための方策として最も正しいものを次の ア から ウ の中から1つ選びなさい。

ア　来期も当期と同額・同数の売り上げが見込まれる場合，円高よりも円安時に外国からの商品の仕入数量を多くする。

イ　事業規模を拡大することで，〈資　料〉の中の (c) と (e) の合計額が5%増加するが，(a) の増加が4%見込まれる。

ウ　問2のカの状態が続く中で，売買目的で保有している株式を追加購入する。

【3】　〈資　料〉に示した財務諸表により，次の問1から問3に答えなさい。

問1　空運業のB社のX6年（破綻前）およびY9年（再生後）の安全性に関する次の ア から カ の分析指標を求めなさい。

ア　当座比率

イ　総資産負債比率

ウ　棚卸資産回転率（売上高対棚卸資産）

エ　固定長期適合率（※その他の包括利益累計額は含まない）

オ　売上高支払利息比率

カ　仕入債務回転率（売上原価対仕入債務）

（注意事項）

1．①から⑫の数値は算出結果のみを解答すること。（計算式は不要）

2．答えは，%または回の小数点第2位を四捨五入し，第1位まで解答すること。ただし，小数点第1位の数値がないときは，例えば，9.0%のように解答すること。

3．マイナスの場合には，数値の前に「△」をつけること。例えばマイナス5.3%の場合は「△5.3%」と解答すること。

問2　問1の指標から次の視点にもとづき，破綻前の安全性について判断しなさい。なお，文章中の （1）〜（5）には，問1の ア から オ の最も適切な指標を記号で選びなさい。

《破綻前に関する考察》

即時的な支払能力を示す（1）は目安である100%を大幅に下回り，支払能力が悪化している。また，固定資産の調達源泉が安全な源泉でまかなわれているかをみる（2）は基準である100%を下回っているものの，借入金の割合も高く，貸借対照表を用いて求める（3）の指標にも表れている。負債依存度が高い結果，支払利息がどのくらい販売活動の成果を減じるかを示す（4）も比較的高く，経常利益を減少させる原因となっていることがわかる。

なお，棚卸資産の利用効率を判断する（5）は同業他社並みであった。

問3　破綻処理を行った結果（再生後），問2の（1）から（5）に係る多くの指標で，改善が見られたが，問1のカ「仕入債務回転率（売上原価対仕入債務）」は改善していない。これは，再生にあたっての措置や取り組みが影響している。仕入債務回転率が改善しなかった直接的な原因と思われるものを〔解答群〕から選び記号で答えなさい。

〔解答群〕

ア．「退職給付に係る負債」の未計上分があったため，不足分を追加計上した。

イ．長期借入金の87.5%相当額など，総額で約5,200億円の債務免除をうけた。

ウ．資本金を100%減じ，新たに3,500億円の増資を行った。

エ．資材購入先などに対する買掛金や利用客の航空券・ポイントなどは，破綻後も全額の支払いや利用継続を約束し，信用取引の維持・増加を目指した。

オ．事業継続に不要な土地を売却し，現金化した。

<資　料>

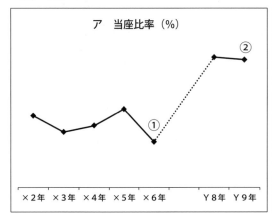

ア　当座比率（％）

×2年　×3年　×4年　×5年　×6年　　Y8年　Y9年

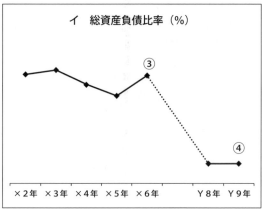

イ　総資産負債比率（％）

×2年　×3年　×4年　×5年　×6年　　Y8年　Y9年

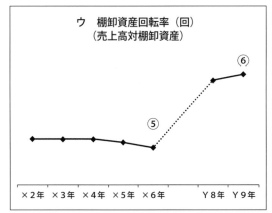

ウ　棚卸資産回転率（回）
（売上高対棚卸資産）

×2年　×3年　×4年　×5年　×6年　　Y8年　Y9年

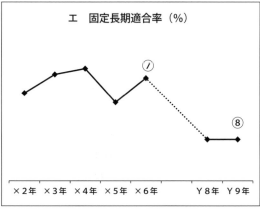

エ　固定長期適合率（％）

×2年　×3年　×4年　×5年　×6年　　Y8年　Y9年

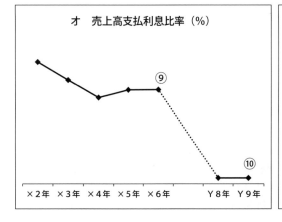

オ　売上高支払利息比率（％）

×2年　×3年　×4年　×5年　×6年　　Y8年　Y9年

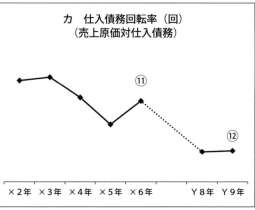

カ　仕入債務回転率（回）
（売上原価対仕入債務）

×2年　×3年　×4年　×5年　×6年　　Y8年　Y9年

※　連結貸借対照表・連結損益計算書は次ページ⇒

## B社の要約連結貸借対照表

（単位：百万円）

| | 破綻前 X6年 | 再生後 Y9年 | | 破綻前 X6年 | 再生後 Y9年 |
|---|---|---|---|---|---|
| **資産の部** | | | **負債の部** | | |
| 流動資産 | | | 流動負債 | | |
| 現金預金 | 163,696 | 462,064 | 支払手形・買掛金 | 190,045 | 185,650 |
| 受取手形・売掛金 | 170,912 | 153,112 | 短期借入金 | 2,911 | 65 |
| 有価証券 | 9,391 | 60,000 | 1年以内償還社債 | 52,000 | 0 |
| 原材料及び貯蔵品 | 81,857 | 21,929 | 1年以内返済長期借入金 | 128,426 | 13,287 |
| その他 | 63,850 | 65,095 | その他 | 276,515 | 255,397 |
| 貸倒引当金 | △2,690 | △661 | 流動負債合計 | 649,897 | 454,399 |
| 流動資産合計 | 487,016 | 761,539 | 固定負債 | | |
| 固定資産 | | | 社債 | 50,229 | 50,000 |
| 有形固定資産 | | | 長期借入金 | 567,944 | 73,524 |
| 建物及び構築物 | 110,012 | 31,385 | 退職給付に係る負債 | 94,911 | 212,672 |
| 機械装置及び備品 | 30,342 | 11,800 | その他 | 190,907 | 39,598 |
| 航空機 | 723,590 | 733,961 | 固定負債合計 | 903,991 | 375,794 |
| 土地 | 35,013 | 861 | 負債合計 | 1,553,888 | 830,193 |
| 建設仮勘定 | 116,510 | 141,779 | **純資産の部** | | |
| その他 | 15,551 | 9,431 | 株主資本 | | |
| 有形固定資産合計 | 1,031,018 | 929,217 | 資本金 | 251,000 | 181,352 |
| 無形固定資産 | 79,548 | 92,255 | 資本剰余金 | 155,806 | 183,050 |
| 投資その他の資産 | 153,078 | 247,317 | 利益剰余金 | △21,874 | 822,554 |
| 固定資産合計 | 1,263,644 | 1,268,789 | 自己株式 | △917 | △535 |
| | | | 株主資本合計 | 384,015 | 1,186,421 |
| | | | その他の包括利益累計額 | △209,358 | △21,287 |
| | | | 非支配株主持分 | 22,115 | 35,001 |
| | | | 純資産合計 | 196,772 | 1,200,135 |
| 資産合計 | 1,750,660 | 2,030,328 | 負債・純資産合計 | 1,750,660 | 2,030,328 |

追加情報（※解答に不要な情報も含む）

（単位：百万円）

| | X5年 | Y8年 | | X5年 | Y8年 |
|---|---|---|---|---|---|
| 原材料及び貯蔵品 | 90,985 | 21,995 | 支払手形・買掛金 | 264,913 | 177,936 |
| 固定資産合計 | 1,312,464 | 1,173,501 | 負債合計 | 1,651,709 | 759,864 |
| 資産合計 | 2,122,779 | 1,853,991 | 株主資本合計 | 447,266 | 1,084,972 |

## B社の要約連結損益計算書

（単位：百万円）

| | 破綻前 | 再生後 |
|---|---|---|
| | X6年 | Y9年 |
| 売上高 | 1,951,158 | 1,487,261 |
| 売上原価 | 1,687,881 | 1,075,233 |
| 売上総利益 | 263,277 | 412,028 |
| 販売費及び一般管理費 | 314,162 | 235,867 |
| 営業利益 | △50,885 | 176,161 |
| 営業外収益 | | |
| 　受取利息配当金 | 5,300 | 2,444 |
| 　その他 | 26,041 | 6,704 |
| 　営業外収益合計 | 31,341 | 9,148 |
| 営業外費用 | | |
| 　支払利息 | 17,536 | 803 |
| 　為替差損 | 19,571 | 0 |
| 　その他 | 25,527 | 19,145 |
| 　営業外費用合計 | 62,634 | 19,948 |
| 経常利益 | △82,178 | 165,361 |
| 特別利益 | | |
| 　投資有価証券売却益 | 18,088 | 0 |
| 　その他 | 26,516 | 2,812 |
| 　特別利益合計 | 44,604 | 2,812 |
| 特別損失 | | |
| 　固定資産売却損 | 2,577 | 0 |
| 　減損損失 | 2,273 | 7,898 |
| 　その他 | 16,590 | 4,035 |
| 　特別損失合計 | 21,440 | 11,933 |
| 税金等調整前当期純利益 | △59,014 | 156,240 |
| 法人税，住民税及び事業税 | 3,181 | 33,223 |
| 法人税等調整額 | 22 | △32,127 |
| 法人税等合計 | 3,203 | 1,096 |
| 当期純利益 | △62,217 | 155,144 |
| 非支配株主に帰属する当期純利益 | 977 | 4,773 |
| 親会社株主に帰属する当期純利益 | △63,194 | 150,371 |

【4】 C社の次の〈資 料〉にもとづいて，次の問1，問2に答えなさい。

問1 C社の前期及び当期の〈資 料〉より，次の文章の（ 1 ）から（ 6 ）の中に入る適当な語句を下記の〔解答群〕から選び，記号を解答欄に記入しなさい。なお，同じ記号を2回以上用いてもよい。

〈資 料〉より，総資産当期純利益率や株主資本当期純利益率は，前期より当期の方が改善していることが読み取れる。この理由をさらに詳しく分析してみることとする。

売上高売上総利益率や売上高営業利益率は，前期より当期の方が（ 1 ）数値であり，（ 2 ）が向上している。売上高営業利益率の改善度合いがより高いことから，（ 3 ）の抑制効果が大きかったものと推測される。

また，経常収益経常利益率は，前期より当期の方が（ 4 ）数値を示している。経常収益経常利益率の改善度合いが売上高営業利益率の改善度合いより高いことから，この要因として，（ 5 ）のうちの（ 6 ）の軽減などの効果があったものと考えられる。

〔解答群〕

| | | | |
|---|---|---|---|
| ア．安全性 | イ．収益性 | ウ．資産 | エ．負債 |
| オ．株主資本 | カ．受取利息 | キ．支払利息 | ク．売上原価 |
| ケ．販売費及び一般管理費 | コ．固定資産売却損 | サ．営業外費用 | シ．特別損失 |
| ス．高い | セ．低い | | |

問2 (1) C社の前期のフリー・キャッシュ・フローを答えなさい。
(2) C社の当期の資金繰りについて当てはまる内容を〔解答群〕から1つ選び，記号を答えなさい。

〔解答群〕

a．本業から生まれた現金を将来の利益のために投資に回し，さらに借金返済や株主への配当金にも回していると考えられる。

b．積極的に設備投資をするために，本業からだけではなく銀行・投資家から資金を集めていると考えられる。設備投資が成功すれば，より大きな利益が生まれると考えられる。

c．経営が悪化してきたため，採算の悪い固定資産の売却により現金を調達し，借金の返済などにあてていると考えられる。また，リストラが成功して本業が上向いてきたと考えられる。

d．本業が不振で借入金などにより資金を調達し，設備投資に回していると考えられる。経営状態が悪化し借金で何とかしようと必死になっていて，とても危険な状況と考えられる。

〈資 料〉

| | 前 期 | 当 期 |
|---|---|---|
| 総資産当期純利益率 | 5.7% | 7.1% |
| 株主資本当期純利益率 | 16.3% | 20.5% |
| 売上高売上総利益率 | （ ? ）% | （ ? ）% |
| 売上高営業利益率 | （ ? ）% | （ ? ）% |
| 経常収益経常利益率 | 1.4% | 6.1% |

（単位：百万円）

| | 前 期 | 当 期 |
|---|---|---|
| 営業活動によるキャッシュ・フロー | 392 | 425 |
| 投資活動によるキャッシュ・フロー | △158 | △637 |
| 財務活動によるキャッシュ・フロー | △182 | 170 |
| 現金及び現金同等物の増減額 | 52 | △42 |
| 現金及び現金同等物の期首残高 | 407 | 459 |
| 現金及び現金同等物の期末残高 | 459 | 417 |

※△印はマイナスを示している。

（単位：百万円）

| | 前 期 | 当 期 |
|---|---|---|
| 売 上 高 | 6,841 | 6,975 |
| 売上総利益 | 1,033 | 1,136 |
| 営 業 利 益 | 410 | 641 |

**【5】** 株式投資に関する〈資 料〉にもとづいて，次の問1，問2に答えなさい。

〈資 料〉

| | S社 | T社 |
|---|---|---|
| 株価（1株あたり） | 3,100円 | 1,800円 |
| 発行済株式総数 | 40百万株 | 10百万株 |
| 当期純利益 | 13,000百万円 | 800百万円 |
| 純資産（＝株主資本） | 255,000百万円 | 16,000百万円 |
| 配当金総額 | 3,500百万円 | 600百万円 |
| 自己資本比率 | 60.8％ | 52.4％ |

※発行済株式総数には自己株式は含まれていない。

※株式を購入する際の手数料は考えなくてよい。

問1　S社とT社の株主資本当期純利益率，株価純資産倍率と株価収益率，配当利回りと配当
　　性向を計算しなさい。なお，計算上端数が生じた場合は，倍，％ともに小数点第2位を
　　四捨五入し，第1位まで解答すること。ただし，小数点第1位の数値がないときは，例え
　　ば，9.0％のように解答すること。

問2　次の会話文の（　①　）から（　⑥　）にあてはまる語句を〔解答群〕の中から選び，
　　その記号を解答欄に記入しなさい。

Aさん：「前に，小企業を対象とした法人・個人事業向けの会計クラウドサービスなどを展開
　　　　している会社が上場したというニュースを見たよ。初値が2,500円とずいぶん高かっ
　　　　たみたいだね。」

Bさん：「うん，私もそのニュースを見たよ。最近，大手銀行の定期預金は0.002％と超低金
　　　　利なので，株式に投資をしようと思って注目していたから。」

Aさん：「へえ，そうなんだ。ところで，どんな会社の株式を購入したいと思っているの。」

Bさん：「同じ業界のS社かT社の株式を購入したいと考えているんだ。会社規模はかなり違
　　　　うけど，どちらも気になっているんだ。初めてのことだから慎重に考えたいんだよ。」

Aさん：「うん，そうだよね。じゃ，バリュー投資という方法で投資判断するのはどうかな。」

Bさん：「あまり聞いたことない投資方法だね。少し教えてよ。」

Aさん：「うん。バリュー投資というのは，企業価値や他社に比べて株価が割安な株式に投資
　　　　することだよ。経済新聞には株価純資産倍率は（　①　），株価収益率は（　②　）
　　　　と書かれていて，まずはこの値が低い企業を選び出すんだ。さらに自己資本比率にも
　　　　着目しておきたいかな。分子が（　③　）で，（　④　）ほうが望ましいとされてい
　　　　るよ。つまり，自己資本比率が（　④　）会社は倒産の危険（リスク）が少ないとも
　　　　いえるからね。株価が下がりにくいこともあるよ。」

Bさん：「バリュー投資は簡単そうだね。その場合は（　⑤　）社のほうが条件にあてはまるね。」

Aさん：「そうだね。でも，なぜ株価が安いのか考えてみる必要があるんじゃない？例えば同
　　　　じ資産でも現金と違って，無形固定資産なんて本当にその価値があるのかとか。さら
　　　　に赤字が発生したら，配当もなくなることもあるよ。だから（　⑥　）といわれる株
　　　　主資本当期純利益率などの収益力にも気を配らないとね。地味で人気はあまりないけ
　　　　ど，いいものを持っている会社を自分なりの基準をもって見付けられるといいよ。」

Bさん：「なるほど。株式に投資するには，財務諸表をしっかりと分析し，様々なリスクを考
　　　　慮に入れて判断することが大切なんだね。もう一度，会計学を勉強してみるよ。」

〔解答群〕

| ア．高い | イ．低い | ウ．S（社） | エ．T（社） | オ．ROA | カ．ROE |
|---|---|---|---|---|---|
| キ．BPS | ク．PER | ケ．EPS | コ．PBR | サ．自己資本 | シ．負債 |

# 令和2年度（第12回）会計実務検定試験 財務諸表分析

## 解 答 用 紙

【1】

| 1 | 2 | 3 | 4 | 5 |
|---|---|---|---|---|
|   |   |   |   |   |

【2】 問1

| 売 上 高 販 売 費 及 び 一 般 管 理 費 率 | % |
|---|---|
| 総 収 益 当 期 純 利 益 率 | % |

問2

| ア | イ | ウ | エ | オ |
|---|---|---|---|---|
|   |   |   |   |   |
| カ | キ | ク | ケ | コ |
|   |   |   |   |   |

問3

| |
|---|
| |

【3】 問1

| | 分析指標名 | X6年（破綻前） | Y9年（再生後） |
|---|---|---|---|
| ア | 当 座 比 率 | ① % | ② % |
| イ | 総 資 産 負 債 比 率 | ③ % | ④ % |
| ウ | 棚 卸 資 産 回 転 率<br>（売上高対棚卸資産） | ⑤ 回 | ⑥ 回 |
| エ | 固 定 長 期 適 合 率 | ⑦ % | ⑧ % |
| オ | 売 上 高 支 払 利 息 比 率 | ⑨ % | ⑩ % |
| カ | 仕 入 債 務 回 転 率<br>（売上原価対仕入債務） | ⑪ 回 | ⑫ 回 |

問2

| （1） | （2） | （3） | （4） | （5） |
|---|---|---|---|---|
|   |   |   |   |   |

問3

| |
|---|
| |

【4】 問1

| （1） | （2） | （3） | （4） | （5） | （6） |
|---|---|---|---|---|---|
|   |   |   |   |   |   |

問2

| （1） | （2） |
|---|---|
| 百万円 |   |

【5】 問1

| | S社 | T社 |
|---|---|---|
| 株 主 資 本 当 期 純 利 益 率 | % | % |
| 株 価 純 資 産 倍 率 | 倍 | 倍 |
| 株 価 収 益 率 | 倍 | 倍 |
| 配 当 利 回 り | % | % |
| 配 当 性 向 | % | % |

問2

| ① | ② | ③ | ④ | ⑤ | ⑥ |
|---|---|---|---|---|---|
|   |   |   |   |   |   |

## 財務諸表表示上の作成問題　解答

### 連結貸借対照表

20X5 年 3 月 31 日 （単位：百万円）

| 資産の部 | | | |
|---|---|---|---|
| 　流動資産 | | | |
| 　　[現金及び預金 | ] | ( | 91,300 ) |
| 　　[受取手形及び売掛金 | ] | ( | 100,000 ) |
| 　　[商品及び製品 | ] | ( | 645,000 ) |
| 　　　その他 | | | 145,000 |
| 　　　貸倒引当金 | | | △20,000 |
| 　　　流動資産合計 | | ( | 961,300 ) |
| 　固定資産 | | | |
| 　　有形固定資産 | | | |
| 　　　[建物及び構築物（純額） | ] | ( | 480,000 ) |
| 　　　[土地 | ] | ( | 375,000 ) |
| 　　　[リース資産（純額） | ] | ( | 25,000 ) |
| 　　　　その他（純額） | | | 40,000 |
| 　　　　有形固定資産合計 | | ( | 920,000 ) |
| 　　無形固定資産 | | | 75,000 |
| 　　投資その他の資産 | | | |
| 　　　[投資有価証券 | ] | ( | 12,000 ) |
| 　　　　その他 | | | 333,000 |
| 　　　　投資その他の資産合計 | | ( | 345,000 ) |
| 　　　固定資産合計 | | ( | 1,340,000 ) |
| 　　資産合計 | | ( | 2,301,300 ) |
| 負債の部 | | | |
| 　流動負債 | | | |
| 　　[支払手形及び買掛金 | ] | ( | 180,000 ) |
| 　　[短期借入金 | ] | ( | 160,000 ) |
| 　　[リース債務 | ] | ( | 5,000 ) |
| 　　　その他 | | | 300,000 |
| 　　　流動負債合計 | | ( | 645,000 ) |
| 　固定負債 | | | |
| 　　[リース債務 | ] | ( | 25,000 ) |
| 　　[退職給付に係る負債 | ] | ( | 48,000 ) |
| 　　　その他 | | | 515,000 |
| 　　　固定負債合計 | | ( | 588,000 ) |
| 　　負債合計 | | ( | 1,233,000 ) |
| 純資産の部 | | | |
| 　株主資本 | | | |
| 　　[資本金 | ] | ( | 150,000 ) |
| 　　[資本剰余金 | ] | ( | 150,000 ) |
| 　　[利益剰余金 | ] | ( | 900,000 ) |
| 　　[自己株式 | ] | | △180,000 |
| 　　　株主資本合計 | | | 1,020,000 |
| 　その他の包括利益累計額 | | | |
| 　　[その他有価証券評価差額金 | ] | ( | 3,000 ) |
| 　　　為替換算調整勘定 | | | △5,500 |
| 　　　退職給付に係る調整累計額 | | | 200 |
| 　　　その他の包括利益累計額合計 | | ( | △2,300 ) |
| 　新株予約権 | | | 600 |
| 　[非支配株主持分 | ] | ( | 50,000 ) |
| 　　純資産合計 | | ( | 1,068,300 ) |
| 　　負債純資産合計 | | ( | 2,301,300 ) |

※　配列については 12〜13 ページ参照。

### 連結損益計算書

自 20X4 年 4 月 1 日　至 20X5 年 3 月 31 日（単位：百万円）

| [売上高 | ] | ( | 3,330,000 ) |
|---|---|---|---|
| [売上原価 | ] | ( | 2,450,000 ) |
| [売上総利益 | ] | ( | 880,000 ) |
| 　販売費及び一般管理費 | | | |
| 　　[広告宣伝費 | ] | ( | 60,000 ) |
| 　　[給与手当 | ] | ( | 225,000 ) |
| 　　[貸倒引当金繰入額 | ] | ( | 1,800 ) |
| 　　[退職給付費用 | ] | ( | 9,500 ) |
| 　　[減価償却費 | ] | ( | 42,000 ) |
| 　　　その他 | | | 501,000 |
| 　　　販売費及び一般管理費合計 | | ( | 839,300 ) |
| [営業利益 | ] | ( | 40,700 ) |
| 　営業外収益 | | | |
| 　　[受取利息 | ] | ( | 2,600 ) |
| 　　　仕入割引 | | | 12,500 |
| 　　　その他 | | | 30,000 |
| 　　　営業外収益合計 | | ( | 45,100 ) |
| 　営業外費用 | | | |
| 　　[支払利息 | ] | ( | 3,200 ) |
| 　　　その他 | | | 10,550 |
| 　　　営業外費用合計 | | ( | 13,750 ) |
| [経常利益 | ] | ( | 72,050 ) |
| 　特別利益 | | | |
| 　　[固定資産売却益 | ] | ( | 450 ) |
| 　　　その他 | | | 6,400 |
| 　　　特別利益合計 | | ( | 6,850 ) |
| 　特別損失 | | | |
| 　　[固定資産処分損 | ] | ( | 900 ) |
| 　　　その他 | | | 28,500 |
| 　　　特別損失合計 | | ( | 29,400 ) |
| [税金等調整前当期純利益 | ] | ( | 49,500 ) |
| 　法人税，住民税及び事業税 | | | 27,850 |
| [法人税等調整額 | ] | ( | 3,500 ) |
| 　法人税等合計 | | ( | 31,350 ) |
| [当期純利益 | ] | ( | 18,150 ) |
| 　非支配株主に帰属する当期純利益 | | | 1,150 |
| [親会社株主に帰属する当期純利益 | ] | ( | 17,000 ) |

### 連結包括利益計算書

自 20X4 年 4 月 1 日　至 20X5 年 3 月 31 日（単位：百万円）

| 　当期純利益 | | | 18,150 |
|---|---|---|---|
| 　その他の包括利益 | | | |
| 　　[その他有価証券評価差額金 | ] | ( | 2,850 ) |
| 　　　為替換算調整勘定 | | | △2,600 |
| 　　　退職給付に係る調整額 | | | 2,300 |
| 　　　その他の包括利益合計 | | ( | 2,550 ) |
| [包括利益 | ] | | 20,700 |
| （内訳） | | | |
| [親会社株主に係る包括利益 | ] | ( | 19,390 ) |
| 　非支配株主に係る包括利益 | | | 1,310 |

※　配列については 16 ページ参照。

連結株主資本等変動計算書

自 20X4年4月1日　至 20X5年3月31日

(単位：百万円)

| | 株主資本 | | | | | その他の包括利益累計額 | | | | 新株予約権 | 非支配株主持分 | 純資産合計 |
| --- | --- | --- | --- | --- | --- | --- | --- | --- | --- | --- | --- | --- |
| | 資本金 | 資本剰余金 | 利益剰余金 | 自己株式 | 株主資本合計 | その他有価証券評価差額金 | 為替換算調整勘定 | 退職給付に係る調整累計額 | その他の包括利益累計額合計 | | | |
| 当期首残高 | 150,000 | 140,000 | 890,800 | △90,000 | 1,090,800 | 300 | △2,700 | △2,000 | △4,400 | 300 | 50,100 | 1,136,800 |
| 当期変動額 | | | | | | | | | | | | |
| 剰余金の配当 | | | △10,700 | | △10,700 | | | | | | | △10,700 |
| 親会社株主に帰属する当期純利益 | | | 19,900 | | 19,900 | | | | | | | 19,900 |
| 自己株式の取得 | | | | △100,000 | △100,000 | | | | | | | △100,000 |
| 自己株式の処分 | | | | 200 | 200 | | | | | | | 200 |
| 株主資本以外の項目の当期変動額（純額） | | | | | | 2,700 | △2,800 | 2,200 | 2,100 | 300 | △100 | 2,300 |
| 当期変動額合計 | — | — | 9,200 | △99,800 | △90,600 | 2,700 | △2,800 | 2,200 | 2,100 | 300 | △100 | △88,300 |
| 当期末残高 | 150,000 | 140,000 | 900,000 | △189,800 | 1,000,200 | 3,000 | △5,500 | 200 | △2,300 | 600 | 50,000 | 1,048,500 |

---

連結キャッシュ・フロー計算書

自 20X4年4月1日　至 20X5年3月31日（単位：百万円）

営業活動によるキャッシュ・フロー

| | | |
| --- | --- | --- |
| 税金等調整前当期純利益 | | 49,500 |
| ［減価償却費　　　　　］ | （ | 42,000 ） |
| ［貸倒引当金の増減額　］ | （ | 2,150 ） |
| ［受取利息及び受取配当金］ | （ | △2,900 ） |
| ［支払利息　　　　　　］ | （ | 3,200 ） |
| ［売上債権の増減額　　］ | （ | 12,500 ） |
| ［たな卸資産の増減額　］ | （ | 17,500 ） |
| ［仕入債務の増減額　　］ | （ | △56,000 ） |
| その他 | | 32,100 |
| 小計 | | 100,050 |
| ［利息及び配当金の受取額］ | （ | 850 ） |
| ［利息の支払額　　　　］ | （ | △3,300 ） |
| ［法人税等の支払額　　］ | | △54,500 |
| 営業活動によるキャッシュ・フロー | （ | 43,100 ） |

投資活動によるキャッシュ・フロー

| | | |
| --- | --- | --- |
| ［有形固定資産の取得による支出］ | （ | △57,000 ） |
| ［無形固定資産の取得による支出］ | （ | △1,900 ） |
| ［投資有価証券の売却及び償還による収入］ | | 13,000 |
| その他 | | 5,200 |
| 投資活動によるキャッシュ・フロー | （ | △40,700 ） |

財務活動によるキャッシュ・フロー

| | | |
| --- | --- | --- |
| ［短期借入金の純増減額］ | （ | 1,750 ） |
| ［自己株式の取得による支出］ | | △100,000 |
| リース債務の返済による支出 | | △5,000 |
| ［配当金の支払額　　　］ | | △10,700 |
| その他 | | 31,000 |
| 財務活動によるキャッシュ・フロー | （ | △82,950 ） |
| 現金及び現金同等物に係る換算差額 | | 1,350 |
| 現金及び現金同等物の増減額 | （ | △79,200 ） |
| 現金及び現金同等物の期首残高 | | 155,500 |
| 現金及び現金同等物の期末残高 | （ | 76,300 ） |

※　配列については24ページ参照。

# 令和5年度（第15回）財務諸表分析

## 【1】

| | （1） | （2） | （3） | （4） | （5） |
|---|---|---|---|---|---|
| | 実　数 | ○ | 当期純利益 | 会社法 | ○ |

## 【2】

### 問1

| | | | |
|---|---|---|---|
| 流　動　比　率 | 100 | % | $\dfrac{700+1,600+2,500}{1,800+3,000}\times100$ |
| 固 定 長 期 適 合 率 | 100 | % | $\dfrac{2,000+1,200+3,000}{2,500+2,000+1,000+700}\times100$ |
| 純 資 産 負 債 比 率 | 197.3 | % | $\dfrac{1,800+3,000+2,500}{2,000+1,000+700}\times100$ |

### 問2

| | ① | ② | ③ |
|---|---|---|---|
| A案 | b | b | b |
| B案 | c | c | b |
| C案 | c | c | b |
| D案 | c | c | a |

### 問3

| ア | イ | ウ | エ |
|---|---|---|---|
| a | b | b | c |

## 【3】

### 問1

| | 分析指標名 | | ×4年（前期） | | ×5年（当期） | |
|---|---|---|---|---|---|---|
| a | 総 資 産 当 期 純 利 益 率 | ① | 1.4 % | ② | 4.0 % |
| b | 総 資 産 経 常 利 益 率 | ③ | 2.8 % | ④ | 7.5 % |
| c | 営 業 資 産 営 業 利 益 率 | ⑤ | △2.1 % | ⑥ | 0.3 % |
| d | 総 収 益 当 期 純 利 益 率 | ⑦ | 1.3 % | ⑧ | 3.6 % |
| e | 売 上 高 売 上 総 利 益 率 | ⑨ | 63.4 % | ⑩ | 63.1 % |
| f | 売 上 高 営 業 利 益 率 | ⑪ | △1.8 % | ⑫ | 0.3 % |

① $\dfrac{1,768}{(110,065+137,969)\div2}\times100$

② $\dfrac{5,667}{(137,969+147,930)\div2}\times100$

③ $\dfrac{3,455}{(110,065+137,969)\div2}\times100$

④ $\dfrac{10,777}{(137,969+147,930)\div2}\times100$

⑤ $\dfrac{△2,264}{(100,253+137,969-968-16,676)\div2}\times100$

⑥ $\dfrac{424}{(137,969-968-16,676+147,930-692-16,017)\div2}\times100$

⑦ $\dfrac{1,768}{(126,513+6,401+108)}\times100$

⑧ $\dfrac{5,667}{(144,275+11,020+194)}\times100$

⑨ $\dfrac{80,153}{126,513}\times100$

⑩ $\dfrac{91,052}{144,275}\times100$

⑪ $\dfrac{△2,264}{126,513}\times100$

⑫ $\dfrac{424}{144,275}\times100$

### 問2

| ① | ② | ③ | ④ | ⑤ |
|---|---|---|---|---|
| チ | イ | ニ | ト | エ |
| ⑥ | ⑦ | ⑧ | ⑨ | ⑩ |
| キ | ソ | サ | カ | オ |

### 問3

| 1 | 2 |
|---|---|
| イ | エ |

| ① | ② | ③ |
|---|---|---|
| c | a | b |

### 問4

| エ |
|---|

### 問5

| 9,545　百万円 | 144,275÷92.2%×6.1% |
|---|---|

## 【4】

### 問1

| ① | ② | ③ |
|---|---|---|
| イ | ウ | ア |

### 問2

| a | b | c |
|---|---|---|
| エ | ウ | ア |

### 問3

| ① | ② | ③ | ④ | ⑤ |
|---|---|---|---|---|
| ア | ア | エ | カ | イ |
| ⑥ | ⑦ | ⑧ | ⑨ | ⑩ |
| ア | ク | 6.8 % | 4.1 % | ア |
| ⑪ | ⑫ | ⑬ | | |
| 28.3 % | 19.0 % | ア | | |

⑧ $\dfrac{21,789}{320,200} \times 100$    ⑨ $\dfrac{16,609}{400,376} \times 100$    ⑪ $\dfrac{21,789}{77,044} \times 100$    ⑫ $\dfrac{16,609}{87,374} \times 100$

【5】 問1

| 指　標 | A 社 | | B 社 | |
|---|---|---|---|---|
| B　P　S | （1） | 580　円 | （2） | 800　円 |
| E　P　S | （3） | 126　円 | （4） | 140　円 |

（1） $\dfrac{580,000}{1,000}$    （2） $\dfrac{480,000}{600}$    （3） $\dfrac{126,000}{(1,000+1,000)\ \div 2}$    （4） $\dfrac{84,000}{(600+600)\ \div 2}$

問2

| 指　標 | A 社 | | B 社 | |
|---|---|---|---|---|
| P　B　R | （1） | 5.2　倍 | （2） | 3.1　倍 |
| P　E　R | （3） | 23.8　倍 | （4） | 17.9　倍 |
| R　O　E | （5） | 23.8　% | （6） | 24.3　% |
| 配　当　利　回　り | （7） | 0.6　% | （8） | 1.3　% |
| 配　当　性　向 | （9） | 14.3　% | （10） | 23.2　% |

（1） $\dfrac{3,000}{580}$    （2） $\dfrac{2,500}{800}$    （3） $\dfrac{3,000}{126}$    （4） $\dfrac{2,500}{140}$

（5） $\dfrac{126,000}{(480,000+580,000)\ \div 2} \times 100$    （6） $\dfrac{84,000}{(210,000+480,000)\ \div 2} \times 100$

（7） $\dfrac{18,000 \div \ \{(1,000+1,000)\ \div 2\}}{3,000} \times 100$    （8） $\dfrac{19,500 \div \ \{(600+600)\ \div 2\}}{2,500} \times 100$

（9） $\dfrac{18,000}{126,000} \times 100$    （10） $\dfrac{19,500}{84,000} \times 100$

| 1 | 2 | 3 | 4 | 5 | 6 |
|---|---|---|---|---|---|
| ク | ケ | ク | ケ | キ | ク |
| 7 | 8 | 9 | 10 | 11 | |
| カ | キ | ク | キ | イ | |

# 令和4年度（第14回）財務諸表分析検定試験

【1】

| （1） | （2） | （3） | （4） | （5） |
|---|---|---|---|---|
| 比　　較 | ○ | 売上総利益 | ○ | 収益性 |

【2】 問1

| | 前　期 | 当　期 |
|---|---|---|
| 総収益当期純利益率 | 13.0　% | 15.8　% |
| 経常収益経常利益率 | 18.5　% | 22.6　% |

　　　　　　　　　　　　　　（前期）　　　　　　　　　　　　　　　　　　　（当期）

総収益当期純利益率 $\dfrac{140,900}{1,055,600+23,500+3,200} \times 100$    $\dfrac{194,500}{1,200,500+28,300+1000} \times 100$

経常収益経常利益率 $\dfrac{199,300}{1,055,600+23,500} \times 100$    $\dfrac{277,300}{1,200,500+28,300} \times 100$

問2　③　　　　　問3　f　g

問4

| ア | d | イ | c | ウ | c | エ | f | オ | e |
|---|---|---|---|---|---|---|---|---|---|
| カ | d | キ | b | ク | a | ケ | g | コ | e |

問5

| ① | 3.5 | ② | イ | ③ | ア | ④ | イ | ⑤ | イ |
|---|---|---|---|---|---|---|---|---|---|

【3】 問1

| | 分析指標名 | | 前　期 | | 当　期 |
|---|---|---|---|---|---|
| a | 流　動　比　率（銀　行　家　比　率） | ① | 225.2　% | ② | 173.4　% |
| b | 総　資　産　負　債　比　率 | ③ | 22.3　% | ④ | 23.2　% |
| c | 純　資　産　固　定　負　債　比　率 | ⑤ | 6.7　% | ⑥ | 5.5　% |
| d | 固　定　長　期　適　合　率 | ⑦ | 74.2　% | ⑧ | 88.6　% |
| e | 売上債権回転率（売上高対売上債権） | ⑨ | 23.6　回 | ⑩ | 21.5　回 |
| f | 総　収　益　支　払　利　息　比　率 | ⑪ | 0.4　% | ⑫ | 0.3　% |

|  | （前期） | （当期） |
|---|---|---|
| 流 動 比 率 | $\dfrac{263,589}{117,063} \times 100$ | $\dfrac{305,750}{176,345} \times 100$ |
| 総資産負債比率 | $\dfrac{152,385}{683,246} \times 100$ | $\dfrac{215,190}{927,047} \times 100$ |
| 純資産固定負債比率 | $\dfrac{35,322}{530,861} \times 100$ | $\dfrac{38,845}{711,857} \times 100$ |
| 固 定 長 期 適 合 率 | $\dfrac{419,657}{530,042+35,322} \times 100$ | $\dfrac{621,297}{662,737+38,845} \times 100$ |
| 売 上 債 権 回 転 率 | $\dfrac{622,273}{(24,818+27,876)\div2}$ | $\dfrac{736,900}{(27,876+40,801)\div2}$ |
| 総収益支払利息比率 | $\dfrac{2,283}{622,273+2,476+626} \times 100$ | $\dfrac{2,294}{736,900+2,363+767} \times 100$ |

問2 　ウ

問3

| （1） | （2） | （3） | （4） |
|---|---|---|---|
| シ | カ | エ | 117.5　% |
| （5） | （6） | | |
| ク | オ | | |

問4 　エ

【4】 問1 　エ 　　　　問2 　前期 △386　百万円 　当期 93,870　百万円

問3

| 1 | 2 | 3 | 4 | 5 |
|---|---|---|---|---|
| 15.8　% | コ | カ | 73.0　% | 174,096　百万円 |
| 6 | 7 | | | |
| エ | ケ | | | |

フリー・キャッシュ・フロー　前期　134,974＋△135,360

　　　　　　　　　　　　　　当期　73,336＋20,534

売上高営業キャッシュ・フロー比率　$\dfrac{73,336}{464,450} \times 100$

流動負債営業キャッシュ・フロー比率　$\dfrac{73,336}{100,495} \times 100$

【5】 問1

|  | A 社 | B 社 |
|---|---|---|
| 株 主 資 本 当 期 純 利 益 率 | 16.6　% | 11.6　% |
| 株 価 純 資 産 倍 率 | 2.6　倍 | 3.3　倍 |
| 株 価 収 益 率 | 15.0　倍 | 27.3　倍 |
| 配 当 利 回 り | 2.1　% | 1.7　% |
| 配 当 性 向 | 31.3　% | 45.5　% |

|  | A 社 | B 社 |
|---|---|---|
| 株主資本当期純利益率 | $\dfrac{24,000}{(150,000+140,000)\div2} \times 100$ | $\dfrac{2,750}{(25,000+22,500)\div2} \times 100$ |
| 株 価 純 資 産 倍 率 | $\dfrac{800}{140,000\div450}$ | $\dfrac{750}{22,500\div100}$ |
| 株 価 収 益 率 | $\dfrac{800}{24,000\div450}$ | $\dfrac{750}{2,750\div100}$ |
| 配 当 利 回 り | $\dfrac{7,500\div450}{800} \times 100$ | $\dfrac{1,250\div100}{750} \times 100$ |
| 配 当 性 向 | $\dfrac{7,500}{24,000} \times 100$ | $\dfrac{1,250}{2,750} \times 100$ |

問2

| | ① | ② | ③ | ④ | ⑤ |
|---|---|---|---|---|---|
| | ケ | ア | イ | ス | ク |
| | ⑥ | ⑦ | ⑧ | ⑨ | ⑩ |
| | カ | ア | イ | シ | セ |

# 令和3年度（第13回）会計実務検定試験 財務諸表分析

【1】

| 1 | 2 | 3 | 4 | 5 |
|---|---|---|---|---|
| ○ | × | × | ○ | × |

【2】 問1

| N社 | a | 912,400 百万円 | b | 980,600 百万円 | c | 41.3 % | d | 3.9 % |
|---|---|---|---|---|---|---|---|---|
| S社 | a | 242,900 百万円 | b | 197,000 百万円 | c | 53.4 % | d | 6.9 % |

問2  ④

問3

| 分析指標名 | 流動比率 | N社 | 256.5 % | S社 | 272.0 % |
|---|---|---|---|---|---|

問4

| ① | イ | ② | 42.5 % | ③ | 24.6 % | ④ | イ |
|---|---|---|---|---|---|---|---|
| ⑤ | イ | ⑥ | イ | ⑦ | ア | ⑧ | ア |

【3】 問1

| | 分析指標名 | | 前 期 | | 当 期 | |
|---|---|---|---|---|---|---|
| ア | 総資産当期純利益率（ROA） | ① | 0.8 % | ② | △12.0 % |
| イ | 売 上 高 営 業 利 益 率 | ③ | 1.6 % | ④ | △2.6 % |
| ウ | 総収益対総資産（総資産回転率） | ⑤ | 2.7 回 | ⑥ | 2.6 回 |
| エ | 売上高販売費及び一般管理費率 | ⑦ | 55.2 % | ⑧ | 58.8 % |
| オ | 売 上 高 売 上 原 価 率 | ⑨ | 43.2 % | ⑩ | 43.8 % |

$$① \quad \frac{78,589}{(9,467,234 + 9,815,296) \div 2} \times 100 \qquad ② \quad \frac{△1,124,796}{(9,815,296 + 8,856,543) \div 2} \times 100$$

$$③ \quad \frac{414,107}{25,729,084} \times 100 \qquad ④ \quad \frac{△648,659}{24,579,663} \times 100$$

$$⑤ \quad \frac{25,729,084 + 68,011 + 4,958}{(9,467,234 + 9,815,296) \div 2} \qquad ⑥ \quad \frac{24,579,663 + 110,657 + 38,043}{(9,815,296 + 8,856,543) \div 2}$$

$$⑦ \quad \frac{14,205,695}{25,729,084} \times 100 \qquad ⑧ \quad \frac{14,450,344}{24,579,663} \times 100$$

$$⑨ \quad \frac{11,109,282}{25,729,084} \times 100 \qquad ⑩ \quad \frac{10,777,978}{24,579,663} \times 100$$

問2

| （1） | （2） | （3） | （4） |
|---|---|---|---|
| ア | ウ | イ | オ |
| （5） | | （6） | |
| エ | | A ・ Ⓑ | |

問3  イ

【4】

| 1 | 2 | 3 | 4 | 5 |
|---|---|---|---|---|
| 276,000 千円 | 296,000 千円 | 25.0 % | 22.0 % | キ |
| 6 | 7 | 8 | 9 | 10 |
| 5.0 % | 5.9 % | イ | ク | カ |

【5】 問1

| | | U社当期 | | V社当期 | |
|---|---|---|---|---|---|
| 株 価 収 益 率 | （1） | 149.6 倍 | （2） | 13.1 倍 |
| 株 価 純 資 産 倍 率 | （3） | 16.8 倍 | （4） | 1.2 倍 |
| 株主資本当期純利益率 | （5） | 12.0 % | （6） | 9.3 % |

$$（1） \quad \frac{2,767}{370 \div \{(19.8 + 20.2) \div 2\}} \qquad （2） \quad \frac{2,247}{3,010 \div \{(17.5 + 17.5) \div 2\}}$$

$$（3） \quad \frac{2,767}{3,333 \div 20.2} \qquad （4） \quad \frac{2,247}{34,057 \div 17.5}$$

$$（5） \quad \frac{370}{(2,840 + 3,333) \div 2} \times 100 \qquad （6） \quad \frac{3,010}{(30,445 + 34,057) \div 2} \times 100$$

過去4回の試験問題　解答 | 139

問2

| ① | ② | ③ | ④ | ⑤ |
|---|---|---|---|---|
| コ | ク | イ | カ | エ |

問3

| ① | ② |
|---|---|
| 3,232 円 | 392 円 |

それぞれの想定される株価を X, Y とすると，以下のように式をたてることができる。

$$株価収益率 = \frac{株価}{1株当たり当期純利益} \quad \frac{X}{370 \div \{(19.8 + 20.2) \div 2\}} = 174.7$$

$$株価収益率 = \frac{株価}{1株当たり当期純利益} \quad \frac{Y}{370 \div \{(19.8 + 20.2) \div 2\}} = 21.2$$

# 令和2年度（第12回）会計実務検定試験 財務諸表分析

【1】

| 1 | 2 | 3 | 4 | 5 |
|---|---|---|---|---|
| ○ | × | ○ | × | × |

【2】

問1

| 売 上 高 販 売 費 及 び 一 般 管 理 費 率 | 58.1 % |
|---|---|
| 総 収 益 当 期 純 利 益 率 | 7.0 % |

$$売上高販売費及び一般管理費率 \quad \frac{15,000}{25,800} \times 100$$

$$総収益当期純利益率 \quad \frac{1,850}{25,800 + 280 + 170} \times 100$$

問2

| ア | イ | ウ | エ | オ |
|---|---|---|---|---|
| c | d | a | e | b |
| カ | キ | ク | ケ | コ |
| e | f | g | c | d |

問3

| イ |
|---|

【3】

問1

| | 分析指標名 | X6年（破綻前） | Y9年（再生後） |
|---|---|---|---|
| ア | 当 座 比 率 | ① 52.5 % | ② 148.4 % |
| イ | 総 資 産 負 債 比 率 | ③ 88.8 % | ④ 40.9 % |
| ウ | 棚卸資産回転率（売上高対棚卸資産） | ⑤ 22.6 回 | ⑥ 67.7 回 |
| エ | 固 定 長 期 適 合 率 | ⑦ 98.1 % | ⑧ 81.2 % |
| オ | 売 上 高 支 払 利 息 比 率 | ⑨ 0.9 % | ⑩ 0.1 % |
| カ | 仕入債務回転率（売上原価対仕入債務） | ⑪ 7.4 回 | ⑫ 5.9 回 |

$$① \frac{163,696 + 170,912 + 9,391 - 2,690}{649,897} \times 100 \qquad ② \frac{462,064 + 153,112 + 60,000 - 661}{454,399} \times 100$$

$$③ \frac{1,553,888}{1,750,660} \times 100 \qquad ④ \frac{830,193}{2,030,328} \times 100$$

$$⑤ \frac{1,951,158}{(90,985 + 81,857) \div 2} \qquad ⑥ \frac{1,487,261}{(21,995 + 21,929) \div 2}$$

$$⑦ \frac{1,263,644}{384,015 + 903,991} \times 100 \qquad ⑧ \frac{1,268,789}{1,186,421 + 375,794} \times 100$$

$$⑨ \frac{17,536}{1,951,158} \times 100 \qquad ⑩ \frac{803}{1,487,261} \times 100$$

$$⑪ \frac{1,687,881}{(264,913 + 190,045) \div 2} \qquad ⑫ \frac{1,075,233}{(177,936 + 185,650) \div 2}$$

問2

| （1） | （2） | （3） | （4） | （5） |
|---|---|---|---|---|
| ア | エ | イ | オ | ウ |

問3　　| エ |

## 【4】

問1

| （1） | （2） | （3） | （4） | （5） | （6） |
|---|---|---|---|---|---|
| ス | イ | ケ | ス | サ | キ |

問2

| （1） | （2） |
|---|---|
| 234　百万円 | b |

## 【5】

問1

|  | S社 | T社 |
|---|---|---|
| 株主資本当期純利益率 | 5.1　% | 5.0　% |
| 株価純資産倍率 | 0.5　倍 | 1.1　倍 |
| 株価収益率 | 9.5　倍 | 22.5　倍 |
| 配当利回り | 2.8　% | 3.3　% |
| 配当性向 | 26.9　% | 75.0　% |

株主資本当期純利益率　S社 $\dfrac{13,000}{255,000} \times 100$　　T社 $\dfrac{800}{16,000} \times 100$

株価純資産倍率　S社 $\dfrac{3,100}{255,000 \div 40}$　　T社 $\dfrac{1,800}{16,000 \div 10}$

株価収益率　S社 $\dfrac{3,100}{13,000 \div 40}$　　T社 $\dfrac{1,800}{800 \div 10}$

配当利回り　S社 $\dfrac{3,500 \div 40}{3,100} \times 100$　　T社 $\dfrac{600 \div 10}{1,800} \times 100$

配当性向　S社 $\dfrac{3,500}{13,000} \times 100$　　T社 $\dfrac{600}{800} \times 100$

問2

| ① | ② | ③ | ④ | ⑤ | ⑥ |
|---|---|---|---|---|---|
| コ | ク | サ | ア | ウ | カ |

# 財務指標のまとめ

| 収益性の分析 |
|---|

## 貸借対照表と損益計算書を利用する方法

| | | | |
|---|---|---|---|
| ア． | 総資産当期純利益率<br>（ROA） | $=\dfrac{当期純利益}{（期首総資産＋期末総資産）÷2}×100$（%） | ※高い方が望ましい。 |
| イ． | 株主資本当期純利益率<br>（ROE） | $=\dfrac{当期純利益}{（期首株主資本＋期末株主資本）÷2}×100$（%） | ※高い方が望ましい。 |
| ウ． | 総資産経常利益率 | $=\dfrac{経常利益}{（期首総資産＋期末総資産）÷2}×100$（%） | ※高い方が望ましい。 |
| エ． | 使用資産経常利益率 | $=\dfrac{経常利益}{（期首使用資産＋期末使用資産）÷2}×100$（%） | ※高い方が望ましい。<br>※使用資産の定義は p.34 を参照。 |
| オ． | 営業資産営業利益率 | $=\dfrac{営業利益}{（期首営業資産＋期末営業資産）÷2}×100$（%） | ※高い方が望ましい。<br>※営業資産の定義は p.35 を参照。 |
| カ． | 総資産回転率<br>（総収益対総資産） | $=\dfrac{総収益}{（期首総資産＋期末総資産）÷2}$（回） | ※高い方が望ましい。<br>※総収益の定義は p.36 を参照。 |
| キ． | 営業資産回転率<br>（売上高対営業資産） | $=\dfrac{売上高}{（期首営業資産＋期末営業資産）÷2}$（回） | ※高い方が望ましい。<br>※営業資産の定義は p.35 を参照。 |
| ク． | 固定資産回転率<br>（総収益対固定資産） | $=\dfrac{総収益}{（期首固定資産＋期末固定資産）÷2}$（回） | ※高い方が望ましい。<br>※総収益の定義は p.36 を参照。 |

## 損益計算書を利用する方法

| | | | |
|---|---|---|---|
| ケ． | 配当性向 | $=\dfrac{配当金}{当期純利益}×100$（%） | ※高い低いだけでは判断できない。 |
| コ． | 1株当たり当期純利益<br>（EPS） | $=\dfrac{当期純利益}{（期首発行済株式総数＋期末発行済株式総数）÷2}$（円） | ※高い方が望ましい。 |
| サ． | 総収益当期純利益率 | $=\dfrac{当期純利益}{総収益}×100$（%） | ※高い方が望ましい。<br>※総収益の定義は p.36 を参照。 |
| シ． | 売上高売上総利益率 | $=\dfrac{売上総利益}{売上高}×100$（%） | ※高い方が望ましい。 |
| ス． | 売上高売上原価率 | $=\dfrac{売上原価}{売上高}×100$（%） | ※低い方が望ましい。 |
| セ． | 売上高営業利益率 | $=\dfrac{営業利益}{売上高}×100$（%） | ※高い方が望ましい。 |
| ソ． | 売上高販売費及び<br>一般管理費率 | $=\dfrac{販売費及び一般管理費}{売上高}×100$（%） | ※低い方が望ましい。 |
| タ． | 経常収益経常利益率 | $=\dfrac{経常利益}{経常収益}×100$（%） | ※高い方が望ましい。<br>※経常収益の定義は p.42 を参照。 |

| 安全性の分析 |
|---|

## 貸借対照表を利用する方法

| | | | |
|---|---|---|---|
| チ． | 流動比率<br>（銀行家比率） | $=\dfrac{流動資産}{流動負債}×100$（%） | ※200% 以上が望ましい。 |
| ツ． | 当座比率<br>（酸性試験比率） | $=\dfrac{当座資産}{流動負債}×100$（%） | ※100% 以上が望ましい。<br>※当座資産の定義は p.44 を参照。 |
| テ． | 売上債権対仕入債務比率 | $=\dfrac{売上債権}{仕入債務}×100$（%） | ※高い方が望ましい。<br>※売上債権と仕入債務の定義は p.44 を参照。 |
| ト． | 総資産負債比率 | $=\dfrac{負債}{総資産}×100$（%） | ※低い方が望ましい。 |
| ナ． | 純資産負債比率 | $=\dfrac{負債}{純資産}×100$（%） | ※低い方が望ましい。 |
| ニ． | 純資産固定負債比率 | $=\dfrac{固定負債}{純資産}×100$（%） | ※低い方が望ましい。 |
| ヌ． | 固定長期適合率 | $=\dfrac{固定資産}{（株主資本＋固定負債）}×100$（%） | ※100% 以下が望ましい。 |

| 貸借対照表と損益計算書を利用する方法 | | |
|---|---|---|
| ネ. | 売上債権回転率<br>(売上高対売上債権) $=\dfrac{売上高}{(期首売上債権＋期末売上債権)÷2}$（回） | ※高い方が望ましい。<br>※売上債権の定義は p.44 を参照。 |
| ノ. | 棚卸資産回転率<br>(売上高対棚卸資産) $=\dfrac{売上高}{(期首棚卸資産＋期末棚卸資産)÷2}$（回） | ※高い方が望ましい。<br>※棚卸資産の定義は p.48 を参照。 |
| ハ. | 仕入債務回転率<br>(売上原価対仕入債務) $=\dfrac{売上原価}{(期首仕入債務＋期末仕入債務)÷2}$（回） | ※高い方が望ましい。<br>※仕入債務の定義は p.44 を参照。 |

| 損益計算書を利用する方法 | | |
|---|---|---|
| ヒ. | 総収益支払利息比率 $=\dfrac{支払利息}{総収益}×100$（％） | ※低い方が望ましい。<br>※総収益の定義は p.36 を参照。 |
| フ. | 売上高支払利息比率 $=\dfrac{支払利息}{売上高}×100$（％） | ※低い方が望ましい。 |

| キャッシュ・フロー計算書を利用する方法 | | |
|---|---|---|
| ヘ. | フリー・キャッシュ・フロー＝$\begin{matrix}営業活動による\\キャッシュ・フロー\end{matrix}＋\begin{matrix}投資活動による\\キャッシュ・フロー\end{matrix}$ | ※プラスである方が望ましい。 |

| 損益計算書とキャッシュ・フロー計算書を利用する方法 | | |
|---|---|---|
| ホ. | 売上高営業<br>キャッシュ・フロー比率 $=\dfrac{営業活動によるキャッシュ・フロー}{売上高}×100$（％） | ※高い方が望ましい。 |
| マ. | 当期純利益<br>キャッシュ・フロー比率 $=\dfrac{キャッシュ・フロー}{当期純利益}×100$（％） | ※高い方が望ましい。<br>※キャッシュ・フローの定義は p.52 を参照。 |

| 貸借対照表とキャッシュ・フロー計算書を利用する方法 | | |
|---|---|---|
| ミ. | 流動負債営業<br>キャッシュ・フロー比率 $=\dfrac{営業活動によるキャッシュ・フロー}{流動負債}×100$（％） | ※高い方が望ましい。 |

| 企業価値の分析 | | |
|---|---|---|
| ム. | 1株当たり純資産<br>(BPS) $=\dfrac{純資産}{発行済株式総数}$（円） | ※大きい方が望ましい。 |
| メ. | 株価純資産倍率<br>(PBR) $=\dfrac{株価}{1株当たり純資産}$（倍） | ※高い方が市場の評価が高い。 |
| モ. | 株価収益率<br>(PER) $=\dfrac{株価}{1株当たり当期純利益}$（倍） | ※高い方が市場の評価が高い。 |
| ヤ. | 配当利回り $=\dfrac{1株当たり配当金}{株価}×100$（％） | ※市場の金利より高くなければならない。<br>※1株当たり配当金の定義は p.57 を参照。 |

# さくいん